Job?

나는 **신소재** 전문가가 될 거야!

Job?

나는 **신소재** 전문가가 될 거야!

고건 글 | **동방광석** 그림 | 이관 감수

Special
15

국일아이

차례

직업 탐험
워크북 나는 **신소재** 전문가가 될 거야!

등장인물

장한별

약속을 중요하게 생각하며 책임감이 강한 6학년 남자아이다. 폐교가 된다는 소식을 듣고 자신을 끝까지 믿어준 진한별 선생님과의 약속을 기억하며 학교를 지키려 백방으로 노력한다.

이슬비

밝고 당찬 성격으로 한별과 같은 반 여자아이다. 친구들에게 폐교 반대서명을 받기 위해 동분서주하며 한별이와 함께 학교를 지키는데 앞장선다. 서명을 받기 위해 만난 졸업생 선배들에게 신소재에 대해 배우며 꿈을 키워간다.

나일등

반장이지만 반을 위해 일하기 보다는 자신의 일이 먼저인 이기적인 남자아이다. 한별과 1학년 때부터 친구였으나 자신의 잘못을 한별에게 떠넘기면서 우정에 금이 갔다. 이슬비를 좋아한다.

심호등

6학년 1반 담임 선생님으로 별명은 신호등이다. 학교를 향한 애정으로 아이들의 폐교 반대운동을 적극 지지한다. 불의를 참지 못하는 강직한 성격이며, 학생들이 꿈을 꾸고 그 꿈을 이룰 수 있도록 따뜻하게 격려한다.

진한별

탄탄 초교에서 3개월 동안 근무한 교생 선생님이다. 억울하게 교장 선생님에게 야단을 맞은 정한별을 위로하고 믿어준다. 학교 화단에 씨앗을 뿌리고 3년 후 꽃이 필 때 다시 만나자고 한별과 약속하고 신비한 구슬 아스떼리를 선물하여 꿈을 꾸도록 돕는다.

배운남

탄탄 초교의 교장 선생님이다. 폐교가 되는 것이 자신이 잘못이라 자책하면서도 적극적으로 반대하지 않고 소극적으로 대처한다.

나칠해

나일등의 삼촌으로 나노공학 기술자다. 폐교 소식을 듣고 아이들과 함께 신소재 페인트로 학교 건물을 도색한다. 졸업생 모임을 가져 폐교 반대서명을 적극적으로 돕는다.

꿈을 찾아가는
꿈나무를 위한 길잡이

허영만 화백이 그린 만화 《식객》이 한국 음식 문화의 품격과 철학의 깊이를 더한 '음식 문화서'라고 한다면, 《job?》 시리즈는 '바라고 꿈꾸는 것을 이루기 위해 줄기차게 노력하면 반드시 꿈은 이루어진다'는 교육 철학을 담은 직업 관련 학습 만화입니다. 어린이와 청소년들이 만화를 통해 각 분야의 직업을 이해하고, 스스로 장래 희망을 설정하는 데 도움을 주는 진로 교육서이기도 합니다.

꿈과 희망은 사람을 움직이는 가장 강력한 에너지입니다. 꿈과 희망이 있는 사람은 밝고 활기찹니다. 그리고 호기심과 열정이 가득해서 지루할 틈이 없이 부지런합니다. 특히 어린이와 청소년들에게 꿈과 희망은 삶을 긍정적으로 바라보게 하는 가장 강력한 버팀목 역할을 합니다.

어른이 되어 이루는 성공과 성취는 어린 시절부터 바랐던 꿈과 희망이 이뤄 낸 결과입니다. 링컨과 케네디, 빌 게이츠와 오바마, 이들은 어린 시절에 꾸었던 꿈과 희망을 실현하기 위해 노력한 사람들입니다. 삼성을 일류 기업으로 이끈 고(故) 이병철 회장이나 우리나라 경제 발전에 초석을 다진 현대그룹의 고(故) 정주영 회장도 어린 시절의 꿈을 실현한 대표적인 사람입니다. 꿈과 희망 안에는 미래를 변하게 하는 놀라운 능력이 숨어 있습니다. 꿈과 희망을 품고 노력하면 바라던 것이 이루어집니다.

어린이와 청소년들이 스스로 미래를 준비할 수 있도록 도움을 주고자 기획한 《job?》 시리즈는 우리 사회 각 분야의 직업을 다루고 있습니다. 어떤 분야의 직업을 갖고 사는 것이 좋으며 가치 있을지를 만화 형식을 빌려서 설명하여 이해뿐 아니라 재미까지 더하였습니다.

그동안 직업을 소개하는 책은 많았지만, 어린이 눈높이에 맞춘 직업 관련 안내서는 드물었습니다. 이 책의 차별성은 바로 여기에 있습니다. 단순히 각각의 직업이 무슨 일을 하는지를 소개하는 데 그치지 않고 사회적 측면에서 바라본 직업의 존재 이유와 작용 원리를 적절한 용어를 사용하여 어린 독자들의 이해를 돕습니다. 자칫 딱딱할 수 있는 직업 이야기를 맛깔스러운 대화와 재미있는 전개로 설명하여 효과적인 진로 안내서 역할도 합니다.

이 책이 어린이와 청소년들에게 세상의 여러 직업을 깊이 이해하고 자신의 미래를 여는 데 도움을 줄 것이라 기대합니다. 아울러 장차 세계를 이끌 주인공이 될 어린이와 청소년들이 직업과 관련해서 멋진 꿈과 희망을 얻길 바랍니다.

문용린(서울대학교 교육학과 명예교수)

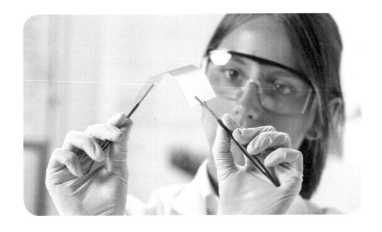

새로운 세계를 만들어줄 신소재!

세계경제포럼인 다보스포럼에서 "올해 초등학교에 입학하는 아이들의 65%는 현재 존재하지 않는 일자리를 갖게 될 것이다"라고 했습니다. 어느 글로벌 연구소에 따르면 10년 안에 20억 개의 직업이 사라진다고 합니다. 미용사, 운전사, 약사, 변호사, 판사, 요리사 등 현재의 직업 중 46%가 없어질 것이라 합니다. 그리고 지금은 생각하지도 못한 새로운 직업이 생길 것입니다.

그 중에 하나가 바로 이 책에서 소개하는 '신소재' 전문가입니다. 신소재란 기존 소재의 결점을 보완하거나 우수한 특성을 창출함으로써 고도의 기능, 구조특성을 실현한 재료입니다.

인류 역사상 최고의 물질이자 미래를 바꿀 꿈의 물질 '그래핀'이 연구 개발되면서 신소재 분야는 미래의 핵심 산업 분야로 전 세계가 집중하고 있습니다.
또한 사람 머리카락 굵기의 10만 분의 1까지 측정 사용하는 나노기술 공학 분야는 최첨단 기술로 우리의 일상생활 제품이나 국방, 무기 등에 상용화하는 전문 분야로 국가 산업자원부에서도 막대한 예산을 투입하고 있는 신소재 분야입니다.

그리고 영화 속에서나 등장했던 형상기억합금을 연구 개발하는 금속공학 분야 역시
건강한 삶과 생명을 지켜주는 의료 기술 분야와 융합되어 미래 산업에 매우 중요한
신소재 분야입니다.
이외에도 신소재 분야는 무궁무진하고 4차 산업 혁명 시대 첨단 산업의 핵심 분야로,
신소재 전문가는 꿈을 가지고 도전해볼 만한 미래의 직업입니다.

《job? 나는 신소재 전문가가 될 거야!》는 신소재 전문가는 누구이고 그들이 하는 일
은 무엇인지 재미있게 소개했습니다. 매일매일이 행복한 직업, 미래 사회를 변화시킬
'신소재'를 통해 멋진 꿈을 품고 그 꿈을 이루길 바랍니다.

글쓴이 **고건**

폐교라니? 안 돼!

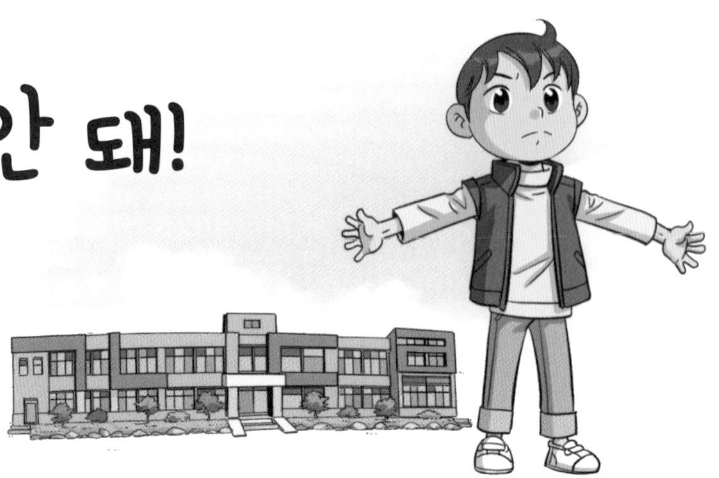

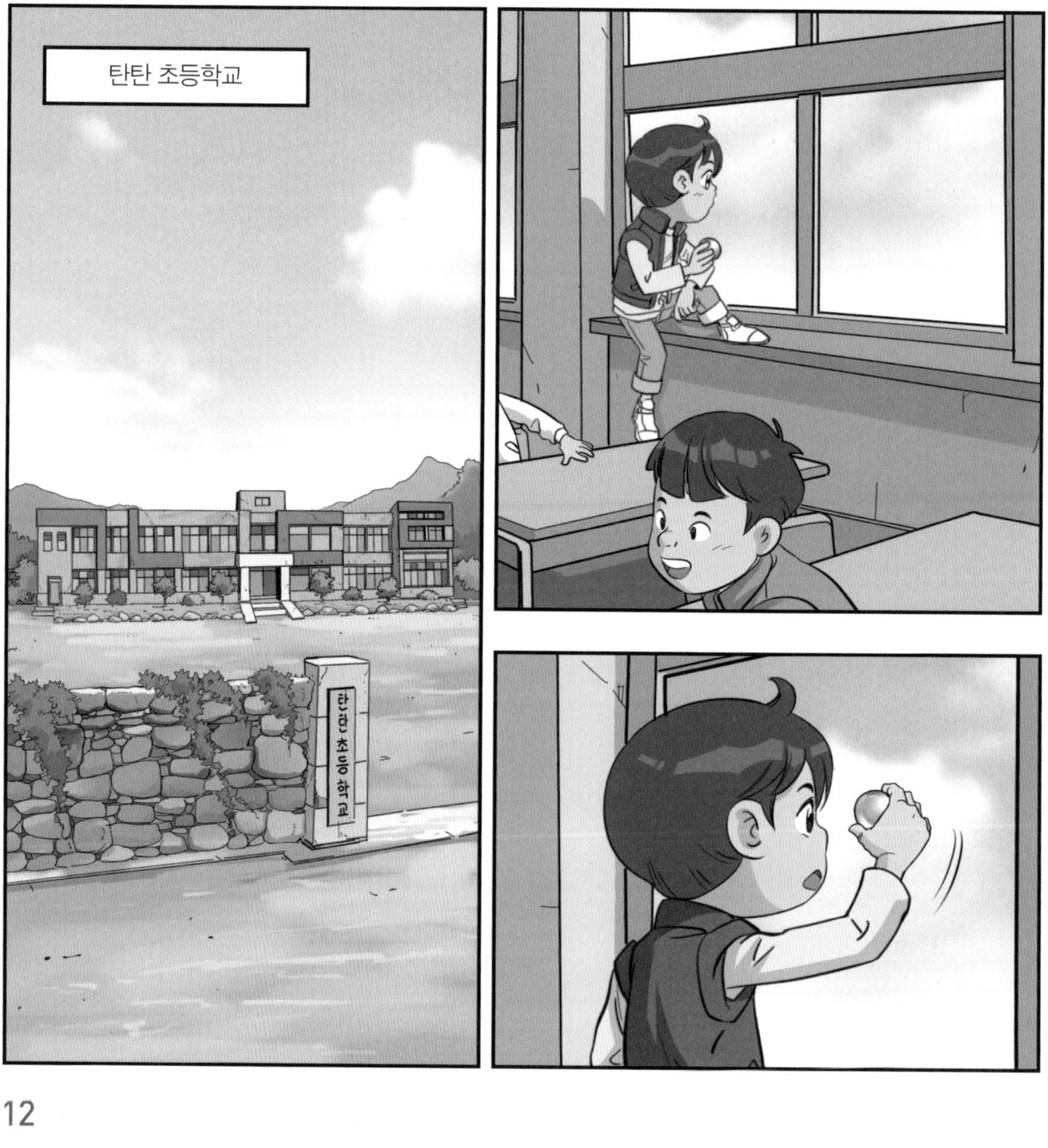
탄탄 초등학교
탄탄 초등학교

한별아. 자, 봐봐.
이 구슬은 다른 유리구슬처럼
사물이 거꾸로 보이지 않고
똑바로 보이지?

어? 정말 그러네요,
선생님.

와~ 신기하다.

이 구슬은 신소재
그래핀이라는 성분으로
만들었기 때문에 빛을
투과시키는 원리가
달라.

그래서
사물의 모습을
왜곡없이 똑바로
볼 수 있는 거지.

그래핀이요?

응, 그래핀.
탄소 원자로 이루어진
인류의 미래를 바꿀
신소재 물질이야.

이 구슬로
밤하늘의 별을 보면
망원경으로 보는 것보다 훨씬
환상적인 별의 모습을
볼 수 있어.

와, 정말 별도 볼 수 있어요?

그래핀

연필심에 사용되는 흑연의 얇은 한 층을 그래핀이라 합니다. 그래핀은 0.02nm의 두께로 눈으로 볼 수 없을 만큼 매우 얇고 투명합니다. 다이아몬드보다 2배 이상 열전도성이 높고, 빛을 대부분 통과시키기 때문에 투명하며, 신축성도 매우 뛰어나고, 강철보다 200배 이상 강한 강도를 지니고 있기 때문에 꿈의 나노 물질이라고 합니다. 이러한 그래핀은 휘어지는 디스플레이에 쓰여 시계처럼 손목에 착용하는 컴퓨터 등에 활용되기 때문에 미래의 신소재로 주목받고 있습니다.

자, 받아. 장한별. 너도 하늘의 별처럼 세상에 하나 밖에 없는 별이란다.

별은 자기만의 특별한 빛을 내지. 한별이도 한별이만의 아름다운 빛을 내는 사람이 되었으면 해.

이 구슬 이름은 '아스떼리'야. 선생님이 붙여줬지.

아스… 떼리…?

응. 희랍어로 별이란 뜻이야. 이 아스떼리가 너의 꿈을 찾아주는 친구가 되어 줄 거야.

아스떼리. 꿈을 찾아주는 친구…

얘들아, 큰일났다. 큰일났어!!

큰일났다고!!

왜? 무슨 일인데 그래?

우리 학교가… 학교가… 학교가 없어진대!!

그게 뭔 뚱딴지같은 소리야?

털썩

야! 허풍광! 너 어제는 학교에서 시험보는 거 없어진다고 뻥치더니, 오늘은 아예 학교가 없어진다고 뻥치냐?!

정말이라고!! 우리가 졸업하고 나면

탄탄 초등 학교를 폐교 한대!!

15

저 뻥쟁이. 아침부터 핵뻥을 뻥뻥 날리네.

폐교? 그게 정말이야?

그렇다니까, 우리가 졸업하고 나면 학교를 없앨거래.

야, 우리 학교가 왜 탄탄 초교냐? 태풍이 불어도 탄탄, 지진이 나도 탄탄

네가 아침부터 뻥을 쳐도 탄탄하게 끄떡없어서 탄탄 초교 아니냐!

3.3 나누기 0.9의 몫을 반올림하면… 소수 둘째 자리까지…

내 두 귀로 똑똑히 들었다고!

그러니까 자세히 말해 봐!

아니다.

야, 반장! 네가 교무실가서 확인해 봐, 사실인지!

나 공부하고 있잖아. 궁금하면 이슬비 네가 갔다 와.

야! 나일등! 내 말 안 들려?!!

좀 이따 선생님 오시면 알게 되겠지.

반장이 뭐 저래. 괜히 뽑았어.

반장 선거할 땐 무슨 일이든 다 하겠다고 약속해놓고…

알았어, 알았다고! 갔다 오면 되잖아!

아, 진짜 반장 못해 먹겠…

갈 필요 없다. 반장. 다들 앉아라.

선생님?

흠흠…. 슬픈 소식을 어떻게 말해야 하나 고민했는데, 풍광이가 먼저 폐교 소식을 말해줘 고맙구나.

그래, 들은 대로다.

왜… 왜요, 선생님? 하… 학교를 왜 폐교하는 건데요?

우리 학교가 너무 낡고 오래되서 없애는 거예요?

너희들도 알다시피
주변의 도시계획들로
새로운 학교들이
생겨나고,

그로 인해 전학가는 학생들도 많아져
우리 탄탄 초교는 갈수록 학생수가
줄어드는 형편이라 결국 교육부에서
폐교 결정을 내린 것이다.

너희들 졸업을 끝으로
탄탄 초등학교는
완전히 폐교된다.

폐교까지 앞으로
100일 남았다!

배… 백일요…?!

아… 안 돼요. 선생님.
안 돼요…

학교 없애지
말아주세요.

마… 말도 안 돼.
어떻게 학교가
없어져….

슬비야… 우리 이제 어떡해..
어떡하냐구…. 6년 동안 정들었던
학교인데.

왜 우리한테
이런 일이…
학교를 구할
방법이 없을까?

교무실

애들한테
어떻게 말해야 좋을지
모르겠어요.

그러게요. 선생인
우리도 믿기지가 않는데
아이들은 더 하겠죠.

학교가 없어진다니
정말 충격이에요.

야! 누가 나일등 아니랄까봐
지금 이 상황에서도 공부가 되냐?
학교가 없어진다는데!

어차피 우린
졸업하면 끝이잖아.
중학교 배정이
어디로 될지나
신경 쓰라고.

나일등! 너 말 다했어? 반장이 그렇게밖에 말 못해?!

우리가 6년 동안 다닌 정든 학교라고!

사실 반장 말이 맞지 뭐. 졸업하면 끝인데. 그리고 교육부에서 이미 정한 일을 우리가 어떻게 바꾸겠어. 안 그래?

안 돼! 학교를 폐교할 순 없어!

장한별…

벌떡

폐교는 안 돼요. 우리가 졸업한 후에도 학교가 계속 남아 있을 수 있게 해주세요.

우리들의 소중한 우정과 추억이 남아있는 학교를 지켜주세요.

미안하다. 애들아.

방과 후

그래서 못하겠다는 거냐?

아니, 못하는 게 아니고 안 하겠다는 거다.

너, 반장이 그렇게 힘빠지는 소리 할래?

난 그런 거 할 시간 없어. 너희들끼리 잘해 봐.

탄탄을 지키자~!

우리들의 정든 학교!
탄탄을 지키자~!!

여시 6학년 1반이
적극적이야. 우리 반도
본받아야 해.

우리 형도 탄탄 졸업!
나도 탄탄 졸업!
내 동생도 탄탄 졸업!

그런다고 바뀔 것 같아?
이건 어른들이 하는
일이야. 바보야.

학교는
우리 같은 아이들이
다니는 곳이야.
그러니까 우리
일이기도 해!

언제부터 그렇게
학교 일에 관심이
많았냐? 반장인
나보다 말이야.

나도 몰랐어. 반장인 네가
학교 일에 이렇게 무관심한지
말이야!

우리 학교는 우리가 지킨다!

폐교 반대!

소용없어요. 이미 결정된 일이라…

아이들이 저렇게 간절히 원하는데 다시 한번 교육부에 폐교 결정에 대한 재검토를 요청해 보시죠.

나도 괴롭습니다.

그래! 아직 마지막 한 가지 방법이…!!

그래, 100명의 서명을 모으면 교육부에서도 다시 한번 생각해 볼 거야.

탄탄 초교 폐교 반대 서명서?

끝날 때까지 끝난 게 아니란 말이 있으니!

감사합니다. 선생님.

저희가 꼭 해낼게요!

최대한 빨리! 최대한 많이!
서명을 받아야 한다!

나랑 한별이는 6학년한테
서명 받을테니까, 너희들은
5학년한테 서명 받아.

알았어.
전부 다 받아 올게.

야, 너희들! 여기 서명 좀
해주라! 다른 애들도
지금 하고 있거든.

반대 서명서

서명?
그게 뭔데?

폐교 반대 서명서야.
전교생의 서명서를 교육부에
보낼 계획이야.

열일한다, 열일해.
그런다고 학교가
지켜지냐? 바보들아.

그리고 학교 건물이 낡을대로
낡아서 폐교할 수 밖에 없단
소문도 있어. 우리가 나선다고
해도 소용없어.

야! 시간 없어.
빨리 PC방 가자.
늦으면 자리 없다.

25

나일등. 예전엔 안 그랬는데… 좀 변한 것 같아.

오늘도 물 주고 있네.

어, 슬비야.

휴~ 애들이 우리 생각처럼 적극적으로 서명에 참여하지 않아.

아이들도 점점 변하겠지.

장한별, 넌 왜 그렇게 학교를 지키려고 하는 거야?

나…?

니는 꽃처럼 피고 별처럼 빛날 거야.

아! 지금 생각난건데, 졸업한 선배들한테도 서명을 받으면 어떨까?

…?

뭐? 탄탄 초교가 폐교?

알았어.

그래, 내일보자.

탁!

사나이 나칠해가 그냥 보고만 있을 순 없지.

어라? 여기가 우리 학교 맞나? 다른 학교 온 거 아냐?

이게 어떻게 된 거야? 학교 건물이 완전히 새 것처럼 바뀌었잖아!

이… 이렇게 된 거냐?

어? 선생님 오셨네요.

선생님. 안녕하세요? 1회 졸업생 나칠해입니다.

저도 1회 졸업생 박다봄입니다.

저는 2회 졸업생 오탄탄입니다.

그래! 너희들. 25년 전 말썽꾸러기들….

폐교된다는 소식을 듣고 선배로서 가만히 있을 수 없잖아요.

그래서 주말에 신소재 페인트로 칠을 했습니다. 이제 여기만 칠하면 완성입니다.

한별이와 슬비, 그리고 여기 있는 친구들이 엄청 열심입니다. 저희보다 훨씬 잘 해요.

이 녀석들…

그래. 고맙구나. 참, 네가 신소재 나노공학 기술자가 되었다지? 자랑스럽구나.

나노공학 기술이 뭔데요?

나노공학 기술이란 간단히 말해서 10억분의 1 수준의 정밀도를 요구하는 초미세 가공 과학기술이야.

네? 10억분의 1이요? 상상이 안 가요.

원자의구조

원자핵

전자

분자 구조

'나노'는 고대 그리스어로 난쟁이를 뜻하는 '나노스'에서 파생된 말로 눈에 보이지 않는 극초미세 물질의 크기를 수십 나노미터 크기까지 깎아 정밀 제어 가공하는 기술이지.

그리고 이 기술은 신소재에 적용하여 새로운 기능과 특성을 가진 소재를 만들어 내는 미래의 핵심 전문 분야야.

나노 기술의 응용

생명공학

신소재

나노 기술

환경과 에너지

국가 안보

운송

의료, 건강

신소재

신소재란 기존 제품에 없는 또는 결점을 보완하기 위해 특수기능을 가진 물질을 이용하여 만들어낸 새로운 소재를 뜻합니다. 현재 신소재 분야는 전 세계에서 상용화 초기단계로, 네 가지로 나뉘어집니다. 먼저 형상기억합금, 비정질금속재료, 초전도재료로 이루어진 신금속 재료와, 파인세라믹스, 광섬유, 결정화유리로 이루어진 비금속 무기 재료 그리고 엔지니어링 플라스틱, 고효율성 분자막, 태양광발전 플라스틱전지가 있는 신고분자 재료, 마지막으로 바이오센서, 복합재료, 탄소섬유 강화 플라스틱, 섬유 강화 금속 등이 속한 복합 재료로 나뉘어집니다.

나도 뉴스에서 들은 기억이 난다. 나노 신소재 기술로 연간 1조 300억 원가량의 경제효과가 발생한다지?

네, 맞아요. 그래서 요즘 나노공학 기술자가 인기 직종이죠.

그런데 나노 기술과 페인트하고는 어떤 관계가 있는 건데요?

자, 교실을 둘러봐. 교실 벽, 천장, 칠판, 책상 등 눈에 보이는 깃은 모두 페인트 칠이 되어 있거든.

듣고 보니 정말 그러네요. 페인트 칠이 되어 있다고는 전혀 생각도 못했어요.

우리가 사는
집도,

밖에 보이는
건물도,

자동차도. 눈에 보이는
모든 것은 페인트로
도색되었지.

와~ 그럼 우린 페인트
세상에 사는 거네요.
놀라워요.

그런데 우리가 학교에 칠한
신소재 페인트는 일반
페인트와는 달라.

어쩐지 보여지는
색감이 다르다고
느꼈어요.

색감도 다르지만
우리 학교가 지어진지
25년이나 되어서
냉난방이
잘 안 되잖아?

맞아요.

여름은 덥고

겨울은 춥고

그래서 건물에 자외선과 태양열 흡수를 막아 실내 온도를 낮춰주는 차열페인트를 칠했고

자외선과 태양열은 내가 다 막아낸다.

자외선

태양열

자외선

반대로 교실 안쪽은 추위를 막아주는 단열페인트로 칠해서 난방 온도를 높여주지.

따뜻한 온기 절대 못 나가!

온기

여기 창고는 불을 켜도 어두우니까 발광페인트로 칠했어.

발광페인트요?

발광페인트는 전기 불을 켜지 않아도 스스로 빛을 내는 신소재 페인트야. 자, 봐봐. 정말 환하지?

전기불 켠 것 같이 환한데요? 정말 신기해요.

아참, 너희가 오기 전에 칠을 마쳐서 급식소는 못 봤지? 급식소도 가 볼까?

네? 급식소요? 아침엔 급식 안 주는데요.

그럼 물이라도 한 잔 마셔야겠는 걸? 후배들이 부려먹기만 하고 음료수 한 잔 안 주네. 하하하.

죄… 죄송해요. 선배님.

농담이야. 하하.

자, 여기 급식소 들어오니까 어때?

어? 음식 냄새가 안 나는데요?

급식소는 항상 냄새가 걱정이지. 이젠 바이오 세라믹 페인트로 칠을 해서 냄새 걱정은 끝~~

바이오 세라믹 페인트요?

천연광물을 이용하여 음이온을 발생시켜 공기정화, 습도 조절 기능을 하는 페인트지.

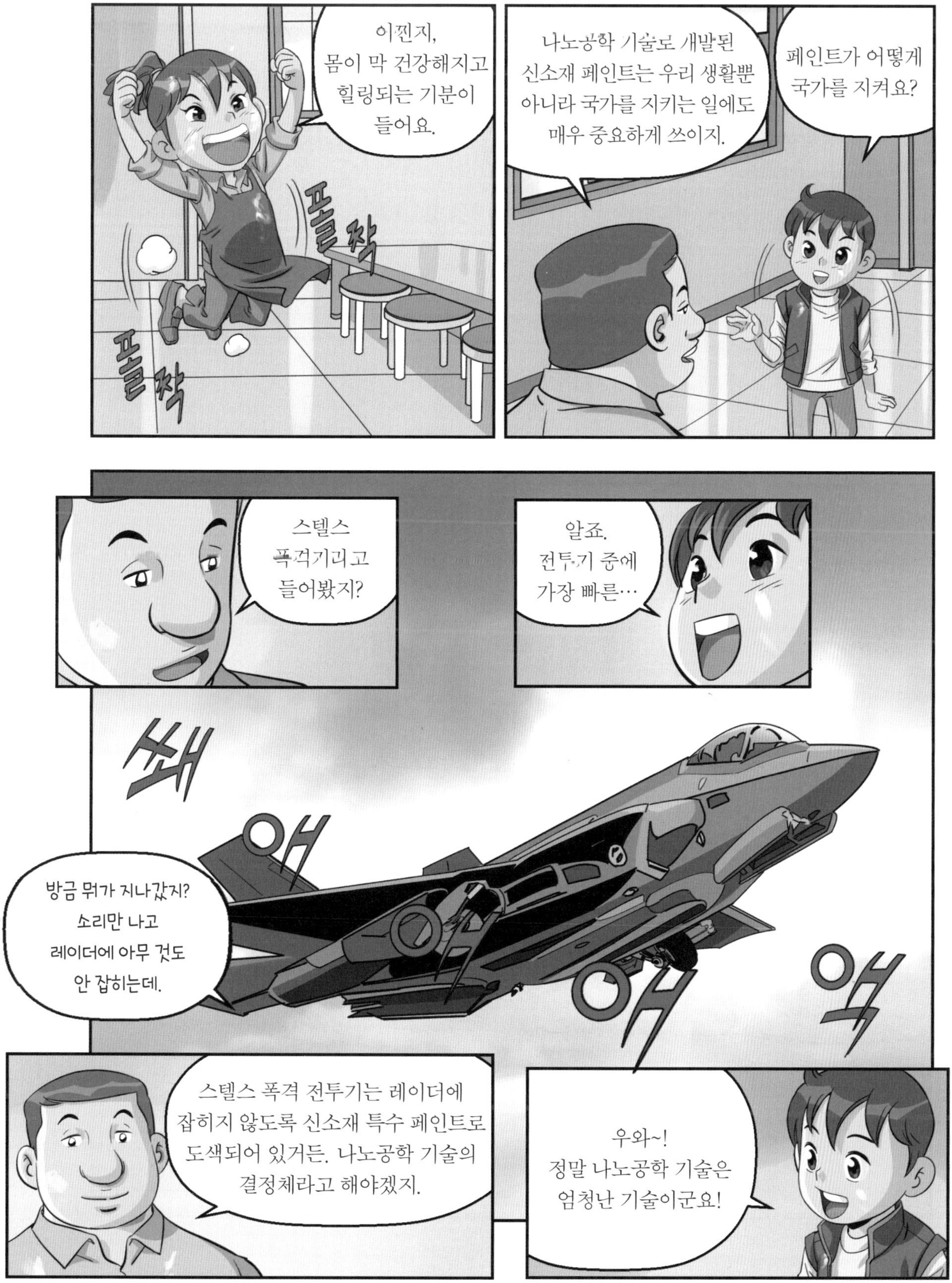
이찐지, 몸이 막 건강해지고 힐링되는 기분이 들어요.
폴짝
폴짝
나노공학 기술로 개발된 신소재 페인트는 우리 생활뿐 아니라 국가를 지키는 일에도 매우 중요하게 쓰이지.
페인트가 어떻게 국가를 지켜요?
스텔스 폭격기라고 들어봤지?
알죠. 전투기 중에 가장 빠른…
쐐
애
애
액
방금 뭐가 지나갔지? 소리만 나고 레이더에 아무 것도 안 잡히는데.
스텔스 폭격 전투기는 레이더에 잡히지 않도록 신소재 특수 페인트로 도색되어 있거든. 나노공학 기술의 결정체라고 해야겠지.
우와~! 정말 나노공학 기술은 엄청난 기술이군요!

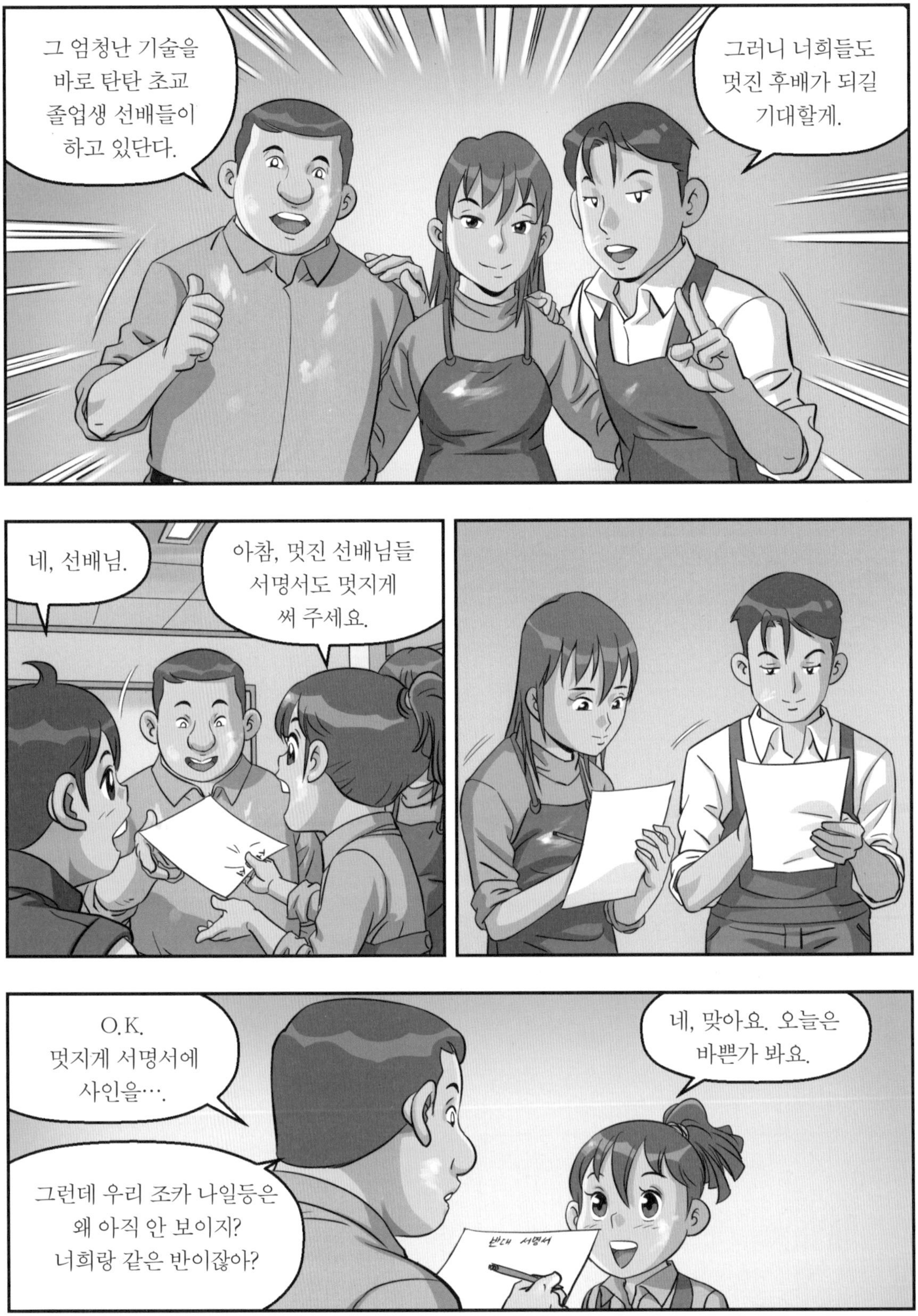
그 엄청난 기술을 바로 탄탄 초교 졸업생 선배들이 하고 있단다.
그러니 너희들도 멋진 후배가 되길 기대할게.
네, 선배님.
아참, 멋진 선배님들 서명서도 멋지게 써 주세요.
O.K. 멋지게 서명서에 사인을….
그런데 우리 조카 나일등은 왜 아직 안 보이지? 너희랑 같은 반이잖아?
네, 맞아요. 오늘은 바쁜가 봐요.
반대 서명서

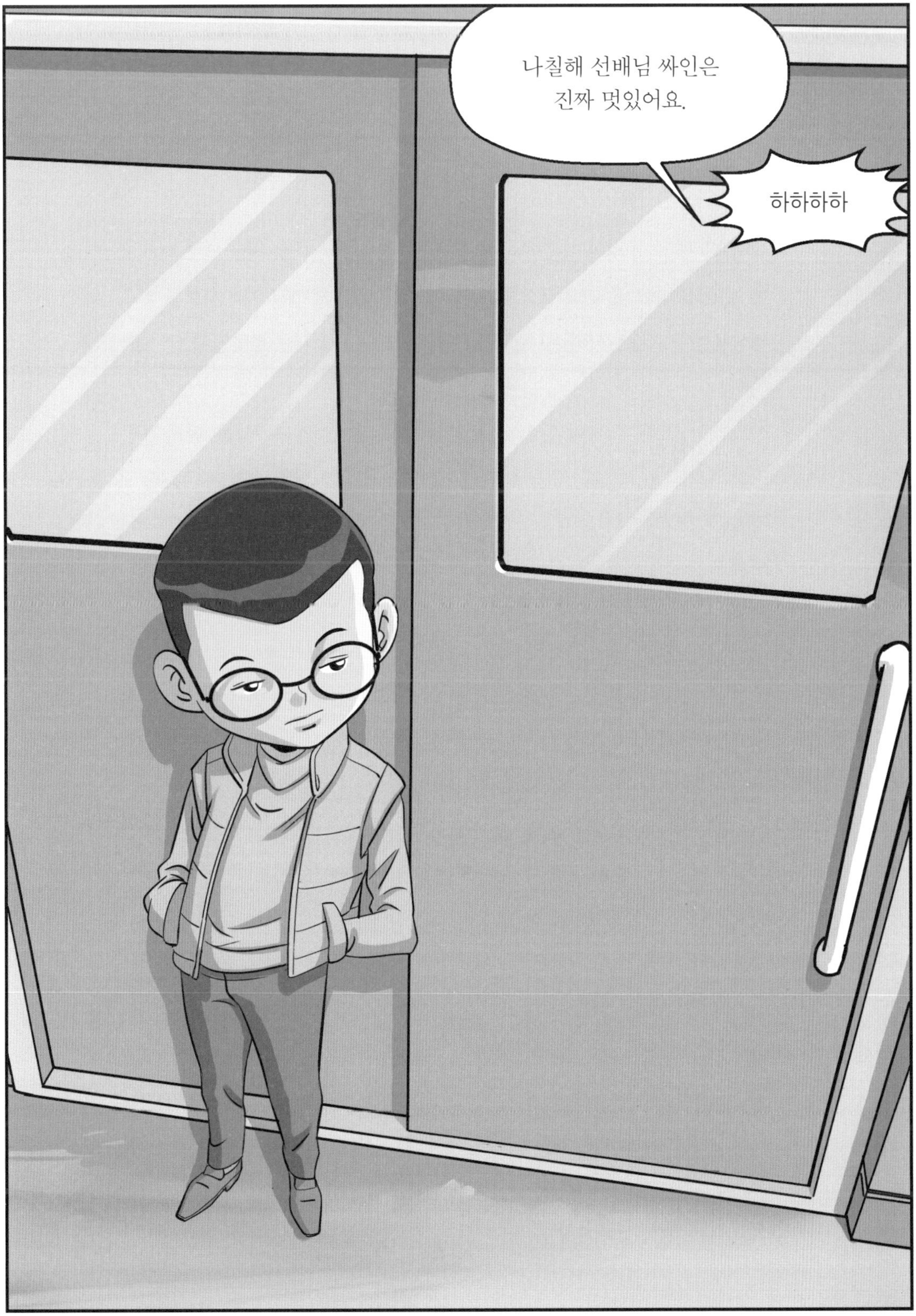
나칠해 선배님 싸인은
진짜 멋있어요.
하하하하

신소재의 정의

세상은 새로운 소재의 개발과 함께 발전을 거듭하고 있어요. 새로운 소재가 과학기술에 접목되어 세상을 더욱 풍요롭고 편리하게 만들고 발전된 미래 사회를 이루어내요. 세상을 바꾸고 혁신시키는 데 중요한 역할을 하는 신소재는 무엇인지 알아볼까요?

신소재는 기존 소재의 단점을 보완하거나 더 우수한 특성을 만들어냄으로써 고도의 기능과 구조특성을 실현한 새로운 재료를 의미해요. 즉 금속, 유기, 무기 재료 등 기존의 소재를 조합하여 전에는 없던 뛰어난 성능을 가지게 된 소재예요.

사실 신소재에 대한 정확한 정의를 내리기는 어려워요. 왜냐하면 신소재는 인류의 전 역사를 지나오며 계속해서 등장했고, 시간이 지나 더 발전된 소재가 등장함에 따라 새롭고 혁신적인 소재라는 힘을 잃었기 때문이에요. 그래서 신소재는 시간적, 공간적 기준이 명확해야 특정한 시기에 무엇이 신소재인지 분명하게 말할 수 있어요. 그러나 이마저도 소재마다 경제적, 기술적 파급효과를 바라보는 관점이 달라지면서 신소재의 정의를 분명히 내리기 어려워졌어요.

신소재의 정의를 확실히 내리기는 어렵지만, 일본에서는 다음과 같이 정의했어요.
① 신소재는 종래의 금속, 화학계 소재의 연장선상에 있고, 다양한 사회적 요구와 기술혁신에 대응하도록 개발된 극한적으로 고도의 성질을 가진 지금까지는 없던 소재.

② 금속, 무기, 유기의 원료 및 이들을 조합한 원료에 새로운 제조기술 또는 상
품화기술을 결합시켜 물리적 가치와 사회적 가치를 산출한 종래에는 없는 새
로운 소재.

③ 물성연구, 재료설계, 재료가공, 시험평가 등의 연구를 통해 기존 소재의 결
점을 보완하고 우수한 특성을 개발하여 고도의 기능 및 구조특성을 실현시킨
부가가치가 높은 재료.

우리나라의 한 연구기관에서는 신소재에 대해 다음과 같이 정의를 내렸어요.
"전자 및 정보, 에너지, 자동차, 우주항공 산업 등의 첨단핵심소재로써 기존의
결점을 보완하고 우수한 특성을 부여함으로써 고도의 기능, 구조특성을 실현시
킨 신고분자 재료, 신금속 재료, 뉴세라믹스, 복합 재료 및 반도체 재료로 구성
되는 고부가가치의 재료를 의미한다. 선진국에서는 이미 개발, 실용화되고 있
다하더라도 기술집약도가 높고 고부가가치를 창출하면 신소재로 포함한다."

이러한 정의들을 살펴보면 신소재는 하늘에서 뚝 떨어진 새로운 소재가 아니
라, 기존의 소재들을 인공적으로 결합하거나 작업하여 효율성을 높이고 혁신적
인 기능을 갖춤으로써 부가가치를 창출한 소재를 뜻하는 것이에요.

폭풍우도 우리를 막을 수 없어!

이건 졸업생들이 교장 선생님께 드리는 선물입니다.

선물?

교 장 실

무슨 선물인지 어서 꺼내 보시죠, 교장 선생님.

학교도 지키지 못하는 교장에게 무슨 선물을… 부끄럽구나.

도자기네요?

허, 이 귀한 걸…

선생님, 인류 역사상 전 세계가 놀라고, 또 부러워했던 최초의 대유행 상품이 뭔 줄 아세요?

그… 글쎄다.

바로 도자기입니다.

그래?

도자기는 천 년 전 고려시대의 신소재 기술로 만들어낸 인류 최초의 명품이라고 할 수 있어요.

흙으로 만든 도자기가 어떻게 무쇠철도 녹이는 1000도를 훨씬 뛰어넘는 1300도에서도 녹지 않고 견딜 수 있을까요?

바로 새로운 돌가루 흙인 '자토*'로 만들었기 때문이에요.

*자토 : 도자기 원료로 쓰이는 진흙

그런 걸 어떻게 알았니?

초등학교 국사 시간에 배웠죠. 심호등 선생님께요.

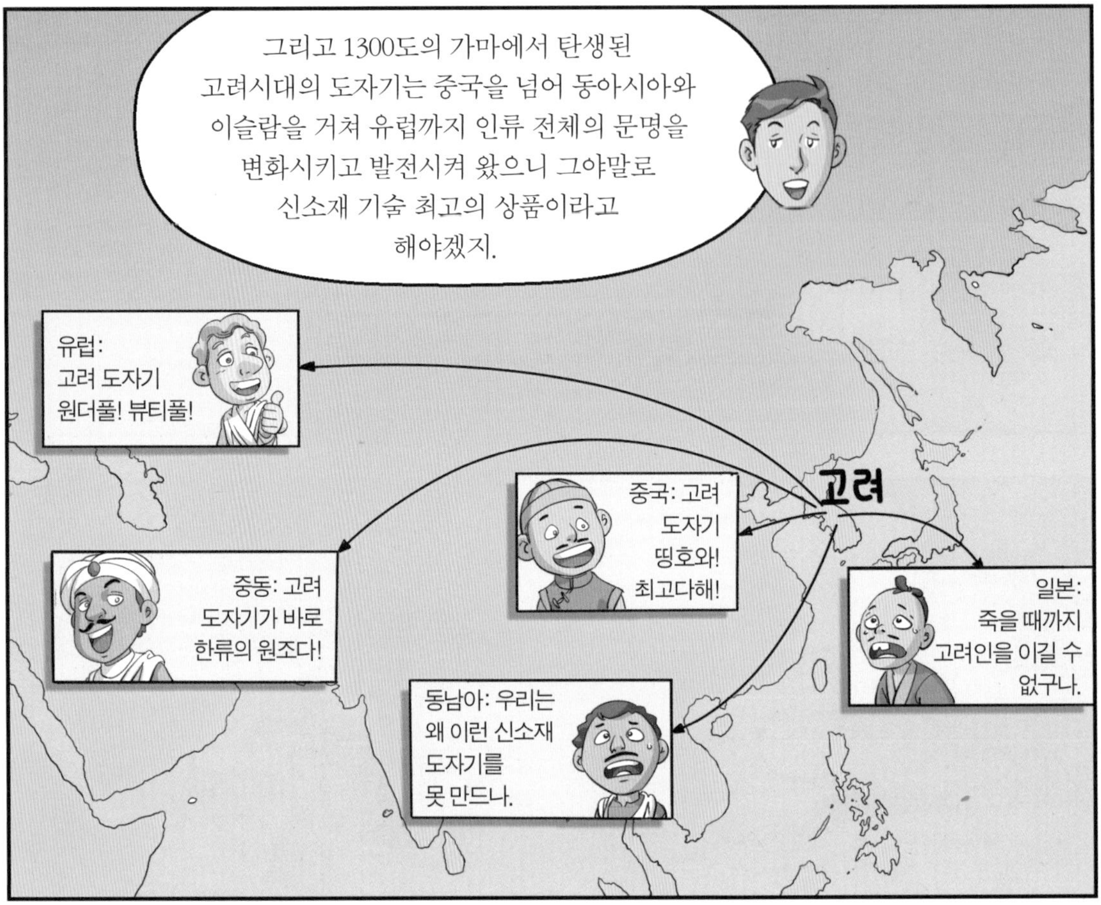
그리고 1300도의 가마에서 탄생된 고려시대의 도자기는 중국을 넘어 동아시아와 이슬람을 거쳐 유럽까지 인류 전체의 문명을 변화시키고 발전시켜 왔으니 그야말로 신소재 기술 최고의 상품이라고 해야겠지.
유럽: 고려 도자기 원더풀! 뷰티풀!
고려
중국: 고려 도자기 띵호와! 최고다해!
중동: 고려 도자기가 바로 한류의 원조다!
일본: 죽을 때까지 고려인을 이길 수 없구나.
동남아: 우리는 왜 이런 신소재 도자기를 못 만드나.

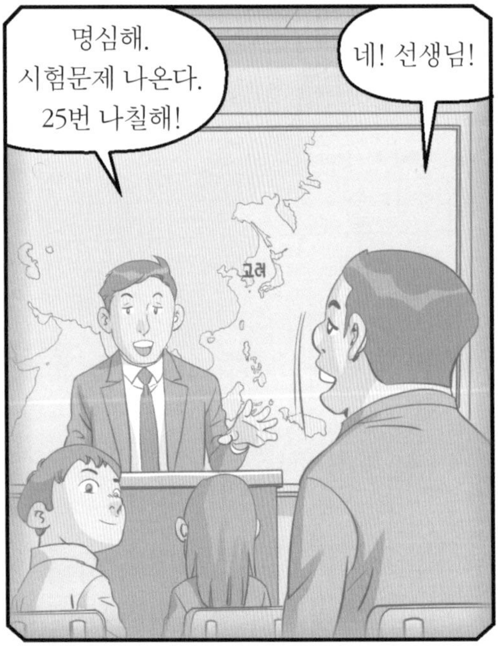
명심해. 시험문제 나온다. 25번 나칠해!
네! 선생님!
고려

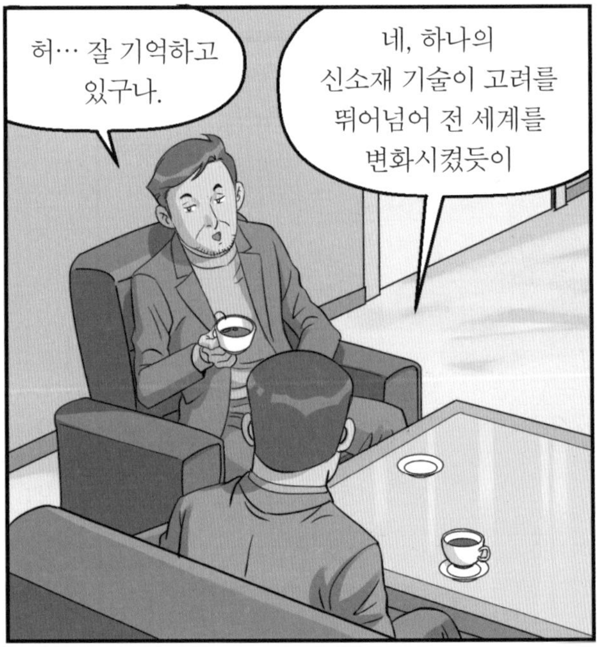
허… 잘 기억하고 있구나.
네, 하나의 신소재 기술이 고려를 뛰어넘어 전 세계를 변화시켰듯이

저희도 신소재 분야의 기술로 세계를 변화시키는 꿈을 가지고 있어요.

미래의 변화를 예측하여 준비하지 못한다면 사라지게 된다고 선생님께서 말씀해 주셨잖아요.

선생님의 가르침 덕분에 저희는 멋진 직업과 꿈을 갖게 되었습니다.

교장 선생님! 폐교를 꼭 막아주세요. 우리의 후배들도 여기에서 멋진 꿈을 꾸고 그 꿈을 펼칠 수 있도록 해주세요.

무슨 말인지 알겠다만은 학교 건물에 페인트 칠 좀 했다고 폐교 방침이 철회될 수는 없어.

그리고 학교를 유지해가기엔 학생수가 너무 줄어들었어. 너희들이 다닐 때와는 너무 달라.

선생님께서 항상 "학교란 학생의 숫자가 중요한 게 아니라 학생들의 꿈의 숫자가 중요하다"고 말씀하셨잖아요.

그… 그랬나? 내… 내가…?

며칠 후 졸업생 동문회가 있습니다. 거기 오셔서 보시면 동문들이 얼마나 탄탄 초교를 자랑스러워하는지, 자신의 꿈을 위해 어떻게 일하고 있는지 알 수 있을 거예요.

도대체 거기엔
뭘 심었길래 그렇게
매일같이 정성들여
물을 주는 거야?

혹시 산삼이라도
심었니?

산삼보다
백 배는
더 좋은 게
심어져 있지.

그게 뭔데?

약속의 꽃.

45

약속의 꽃? 그런 꽃이 있어?

누구랑 약속했는데?

진한별 선생님.

1학기 때 우리 반 교생 선생님으로 오셨던 진한별 선생님?

그래. 맞아. 나랑 이름이 같은….

근데 진한별 선생님이랑 무슨 약속을 했다는 거야?

1학기 때 교장실의 화분에 물 주는 당번이 나일등하고 나였어. 우리는 일주일에 한 번씩 교대로 물을 주기로 했었어.

그랬지.

근네 물을 안 줘서 교장 선생님이 아끼던 화분이 말라 죽어서 난리 났었잖아.

징한별! 네가 물 안 줘서 화분이 말라 죽었다! 어떡할거냐?!

난 정말 물을 줬다고. 물을 안 준 건 나일등이었어.

그런데 모두 다 일등이 녀석의 말만 듣고 내가 물을 안 줘서 화분이 죽었다고 했지.

그때 유일하게 진한별 선생님만 내 말을 믿어 주셨어.

하지만 난 일등이 녀석의 거짓말에 너무 화가 나고 억울해서 진한별 선생님께 끝내 감사하다는 말씀을 드리지 못했어.

괜찮아. 한별아

선생님은 널 믿어.

나일등… 이 녀석…

그날 교생 실습을 마친 선생님이 떠나면서 나와 약속을 하셨어.

오늘이 교생 실습 마지막 날이네. 시간 참 빨라.

오… 오늘이요?

한별아. 선생님이 한 달 전 여기에 꽃을 하나 심었거든.

근데 3년이 지나야
꽃을 피운다네. 어쩌지?
여기에 물주는 거
한별이가 대신
해 줄래?

… 제가요?

응, 3년 후에
꼭 꽃을 보러
올 거야. 그때
선생님이랑 다시
만나자.

어때? 선생님 부탁
들어줄 수 있지?

네….

그럼 우리 약속!

난 이 화단도, 학교도
꼭 지킬 거야!

49

활짝 핀 꽃을 보며 그 때 날 믿어 주셔서 감사하다는 말을 꼭 하고 싶어!

며칠 후

야! 반장!

선생님이 부르신다. 얼른 교무실 가 봐.

알았어.

따리리링.

여보세요? 네? 일등이 지금 교무실 갔어요.

그래? 나 일등이 삼촌인데 일등이한테 전해 줄래? 오늘 오후 3시에 동문회 모임…

네… 네. 알겠습니다.

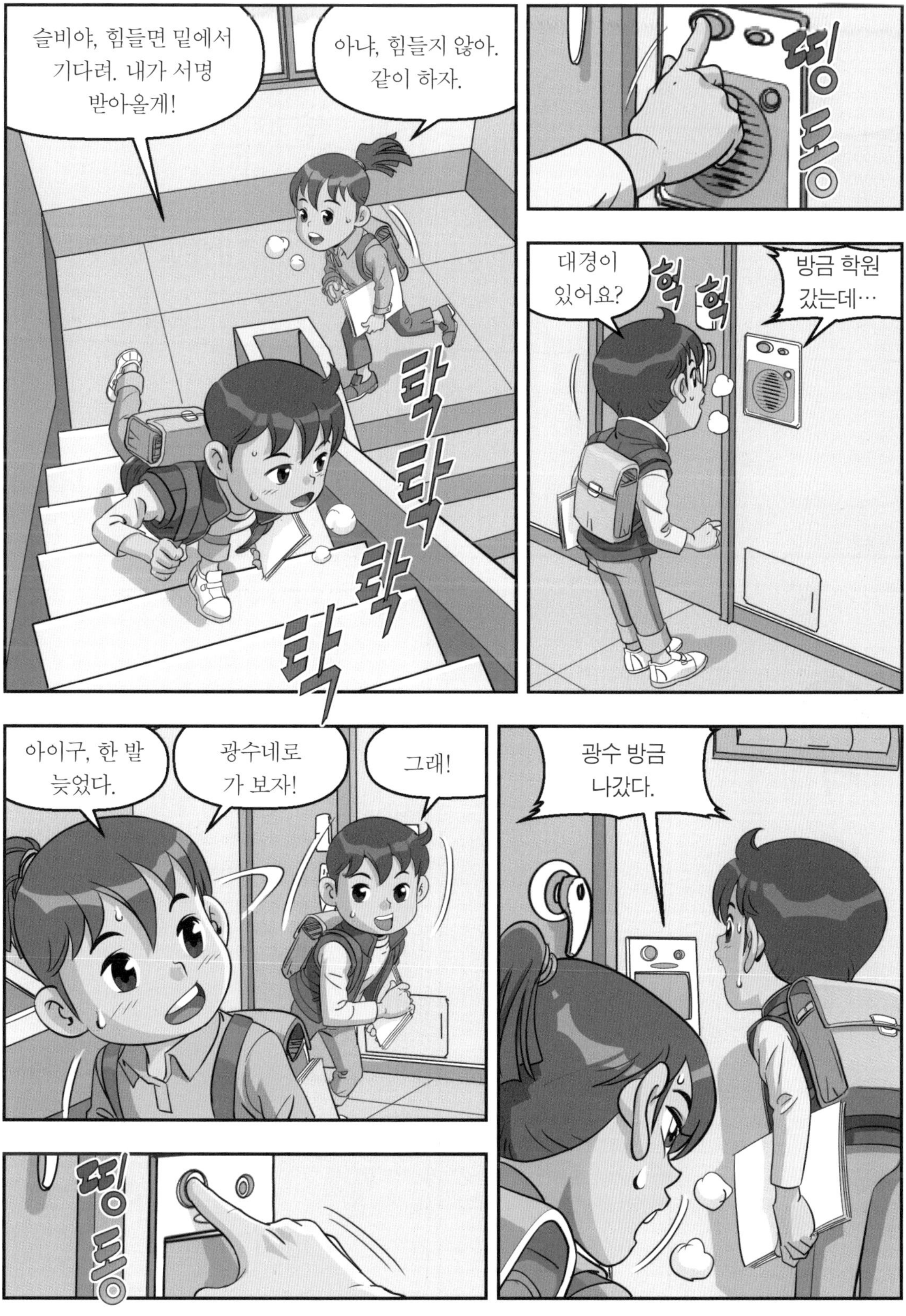
슬비야, 힘들면 밑에서 기다려. 내가 서명 받아올게!
아냐, 힘들지 않아. 같이 하자.
탁탁탁탁
띵동
대경이 있어요?
헉헉
방금 학원 갔는데…
아이구, 한 발 늦었다.
광수네로 가 보자!
그래!
띵동
광수 방금 나갔다.

휴~ 다들 학원 갈 시간이라 집에 없나 보다.

그러게, 오늘도 몇 장 못 받았는데. 이렇게 시간만 가면…

삼촌이?

그래. 그렇게 전해 달래.

우르르릉…

후두두둑.

그래. 여기에 이름 쓰고… 주소는 여기에…

너희들 덕분에 서명서 많이 받았어. 고마워.

어! 비 온다.

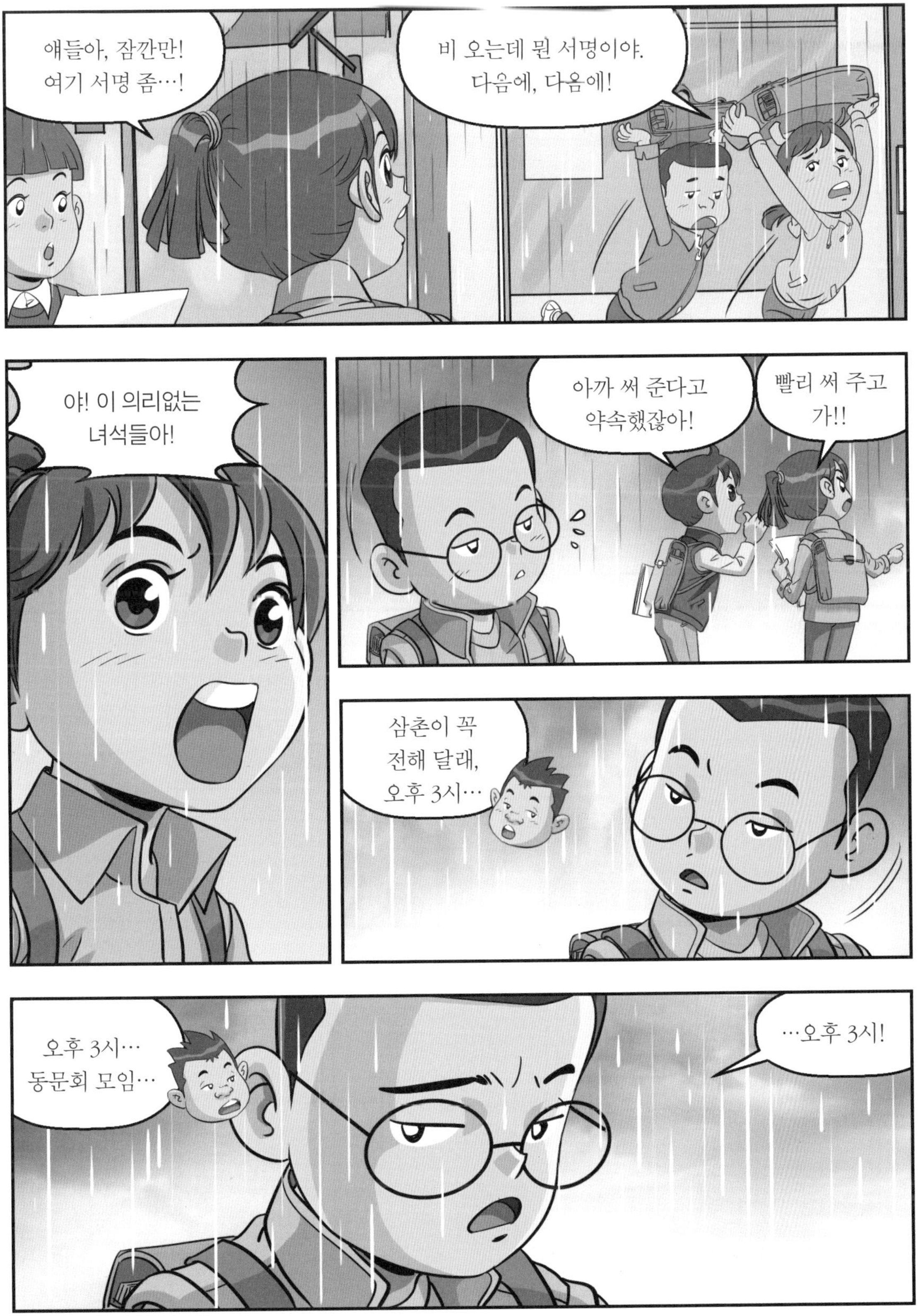
얘들아, 잠깐만!
여기 서명 좀…!
비 오는데 뭔 서명이야.
다음에, 다음에!
야! 이 의리없는
녀석들아!
아까 써 준다고
약속했잖아!
빨리 써 주고
가!!
삼촌이 꼭
전해 달래,
오후 3시…
오후 3시…
동문회 모임…
…오후 3시!

그러니까 오늘 탄탄 초교 동문회에 후배들이…

우리도 다 알고 왔어.

나 백장미도 학교를 위해 뭔가 하나 해야 할텐데… 안 그래, 오탄탄?

백장미. 넌 학교에 찾아가는 것 자체가 장미꽃 같은 선물이야.

근데 이 녀석들이 왜 안 오지?

틱 틱 틱

일등이 녀석은 또 왜 이렇게 전화를 안 받아.

고맙다, 애들아.

고맙긴. 우리 학교 일인데 당연히 해야지.

근데 너네 우산도 없어?

괜찮아.

…?

너네 왜 아직도 여기 있어? 모임에 안 가고…?

모임? 무슨 모임?

일등이네 삼촌이 서명서 받아준다고 동문회 모임에 오라고 했잖아.

일등이가 말 안 해?

그게 정말이야?

쏴

아

악

부재중 전화 12통

○○역 3번
출구 3시

후배들이 선배들을
너무 기다리게
하네.

그러게 말이야.
우리 때는
안 그랬는데.

나칠해. 다시
전화 좀 해 봐.

안 받아.
무슨 일이 생긴건지…

안 되겠다. 나 오늘
디스플레이 신소재에 대한
인터뷰 약속 있어서 먼저
가 봐야겠어.

나도 약속이…미안.

야. 박다봄.
너까지 가면
어떡해?

우루루쾅싸아

아… 앞이 안 보여. 비 때문에 어디가 어딘지 모르겠어.

풍광이 말로는 3번 출구역 앞 파란색 건물이라고 했잖아.

파란색 건물은 없는 거 같아.

설마 풍광이 녀석 허풍을…?

아… 아냐. 그러진 않았을 거야.

하지만 파란색 건물이 없잖… 엣취!

이렇게 비 맞다간 감기 걸리겠어. 일단 저 건물 안으로 가서 비라도 피하자.

쩍

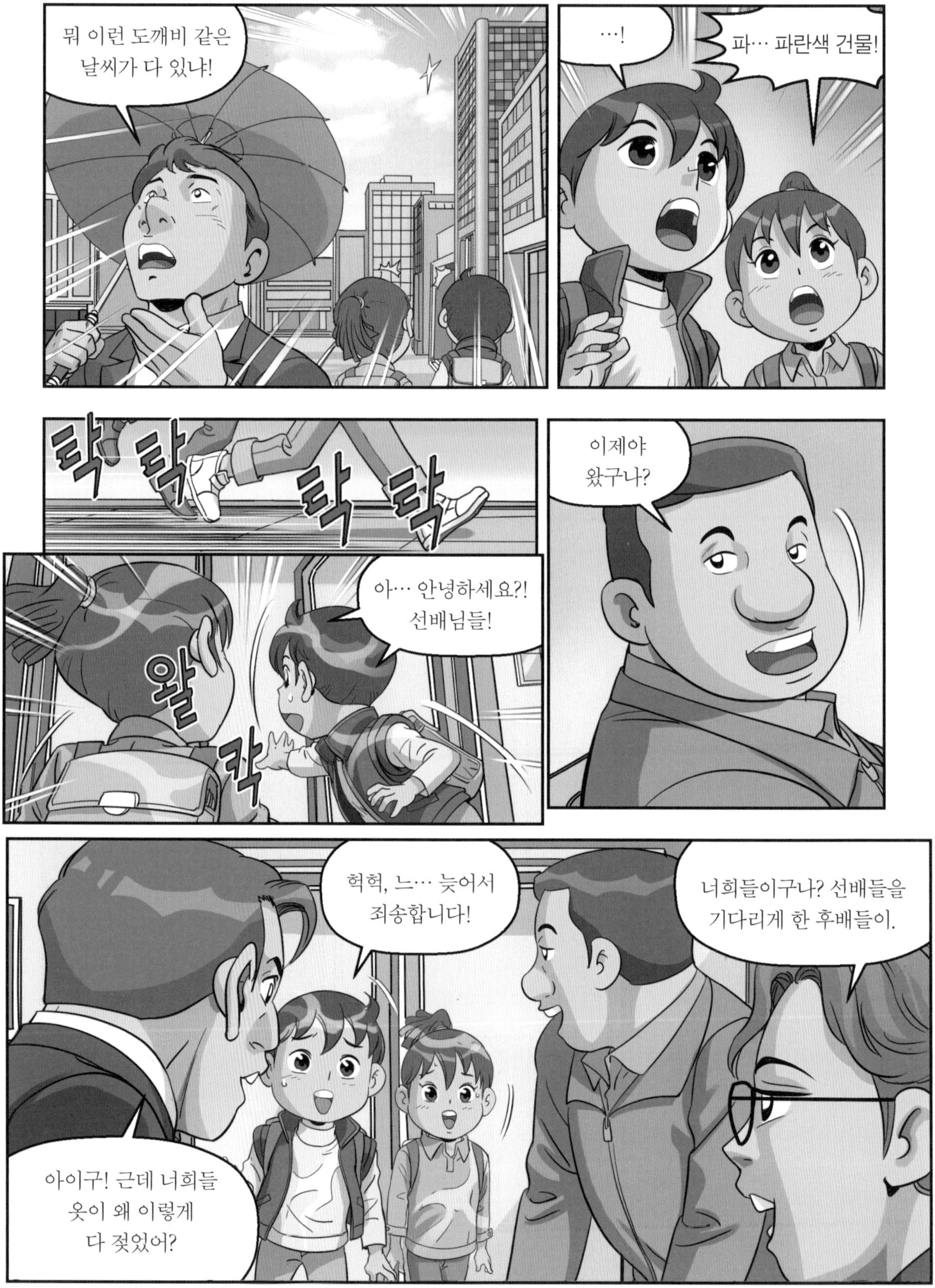

뭐 이런 도깨비 같은 날씨가 다 있냐!
…!
파… 파란색 건물!
탁 탁 탁 탁
이제야 왔구나?
아… 안녕하세요?! 선배님들!
왈칵
헉헉, 느… 늦어서 죄송합니다!
너희들이구나? 선배들을 기다리게 한 후배들이.
아이구! 근데 너희들 옷이 왜 이렇게 다 젖었어?

밖에 비 오나?

콜록콜록. 지금은 그쳤어요.

여기 앉아서 따뜻한 물부터 마셔.

네, 감사합니다.

근데 왜 이렇게 늦었니? 파란색 건물 찾기 쉬웠을 텐데.

아무리 찾아도 파란색 건물이 안 보였어요.

그런데 비가 그치고 해가 뜨니까 파란색 건물이 보이더라고요.

아, 유리창을 스크린으로 변환시켜 놔서 밖에 비가 오는지 몰랐네.

탁..

탄탄초교 동문회

저… 저건 영화 속에 나오는…?!

맞아. 디지털 윈도우라고 하지. 유리창을 대형 영상화면으로 사용하는 신소재 기술이야.

이 건물은 보통 건물이 아니라 대한민국 최초로 최첨단 신소재 건축 기술로 지어진 최고의 건물이기든.

바로 여기 있는 탄탄 초교 선배들의 전문 기술이 합쳐져 지어졌지.

금속공학 기술자 오탄탄은 지난번에 페인트 작업 같이 했으니 알 거고, 그 옆 선배는 건축공학 기술자 최대한.

그리고 섬유공학 기술자 백장미.

안녕하세요? 선배님.

아니, 예쁜 언니라고 불러. 후후후.

난 섬유공학 기술자 백장미야. 너희들 얘기는 많이 들었어. 반가워.

이런, 먹을 게 하나도 없네.

나칠해. 나랑 같이 후배들 줄 맛있는 거 사러 갔다 오자.

그럴까? 지스 샌드위치랑 치킨 버거랑, 레몬 주스랑 사 와야지.

그건 네가 좋아하는 거고!

내 입맛에 맛있으면 다 맛있다고 한다니까.

근데요, 어떻게 비가 그치자 건물이 파란색으로 변하는 거예요?

이 건물은 최첨단 기술로 지어졌거든. 특히 외벽은 GFRC라고 하는 신소재 기술로 지어졌고, 카멜레온 페인트가 칠해져서 시간과 날씨, 습도에 따라 건물의 색상이 다양하게 변화하지.

GFRC는 유리섬유보강 콘크리트로 강도가 우수하고 외부로 부터 충격을 받았을 때 저항성이 높고 튼튼한 신소재입니다.

맑은 날은 파란색

저녁은 진파란색

흐린 날은 회색

비오는 날은 보라색

그렇게 중요한 건 미리 말해줬어야 후배들이 헤매지 않지. 빨리 후배들에게 사과해.

미안 후배님들.

괘… 괜찮아요.

날씨에 따라 건물 색이 변할 줄 전혀 몰랐어요. 정말 카멜레온 같아요.

사과하는 의미에서 문제 하나 낼게. 맞춰 볼래? 맞추는 사람에게 선물 줄게.

전 세계 지구상에 존재하는 물질 중 인간이 발견하고 사용하는 물질이 모두 몇 개나 될 것 같아?

음… 한 만 개? 아니 십만 개요?

저는 백만 개요.

놀라지 마. 지구상에 존재하는 물질은 약 1억 4천만 개라고 해.

네? 1억 4천만 개나요?

그래. 그 물질들을 재조합해서 지금까지 집을 짓고, 다리를 만들고, 차와 비행기를 개발하고, 또 옷도 만들어 입고 문화를 발전시키며 살아온 거지.

하지만 4차 산업 혁명 시대의 신소재 공학은 꿈의 물질이라고 하는 '그래핀'이나 '세라믹과 폴리머' 같은 물질에 나노공학 기술을 도입해 신소재들의 성질을 재조합하여 첨단 제품으로 개발하지.

10억분의 1미터로…

그렇게 만들어진 신소재 건축 재료들을 이용하여 기존 건축물보다 더 친환경적이고, 안전하고 편리한 건물을 만드는 기술이 바로 건축공학 기술이야.

자외선 차단 신소재 패널

유리섬유보강 콘크리트

지진, 충격 흡수 철근 신소재

미세먼지 흡수 벽체

층간 소음 방지 신소재

건축공학 기술

모든 건물은 설계도면부터 시작하여 건물의 용도와 구조에 따라 건물을 짓는 재료들이 선택되는데, 비바람을 막아주는 1차원적 건축에서부터 시작하여 이제는 3차원적 건축공학이 요구되는 시대로, 사람의 육체적 편리함을 넘어 정신적 휴식을 주는 건물을 필요로 합니다. 따라서 기능은 다양하고, 친환경적이며, 보다 더 안전하고, 도시 전체를 조화로운 건축물로 승화시키기 위한 신소재 재료의 성능이나 시공법 등이 필요한데, 각 건축물의 환경과 용도를 미리 파악하는 분야가 건축공학 기술입니다.

다른 건물하고 어떻게 다른가요?

일단 콘크리트부터 달라. 지금까지 건축물은 일반 콘크리트로 지어져 건물의 무게 하중으로 인해 건물이 붕괴되는 사고가 발생했지만

건물이 무게를 견디지 못하고 붕괴된 참혹한 모습입니다.

63

신소재 콘크리트는
첫째, 가볍고 둘째, 강도는 더 강해지고
셋째, 탄력성까지 우수하며
넷째, 외부의 공기를 통과시키는 통풍성 기능까지 있고
다섯째, 냄새나 곰팡이, 부식 등의 문제를 없애는
바이오 콘크리트라 아주 안전하지.

통풍성

강력한 강도

탄력성

곰팡이,
부식 방지

가벼움

부식

곰팡이

와~

더
놀라운 건
이거야.

여길 봐.

어? 불을 켜니까
그냥 벽이 유리벽처럼
투명해지네요?

이 벽은 신소재 반투명
콘크리트로 만들어져서
유리창처럼 빛을 투과시키는
기능을 갖고 있어.

이런 신소재들의 기능을 알고 건축물을 지을 때, 어떤 부위에 어떤 소재의 기능을 가진 재료를 사용할지 연구하고 적용하는 일이 바로 우리가 하는 일이야.

건축공학 기술자는 그런 일을 하는군요.

이쪽은 햇빛이 들어오니까 디지털 윈도우…

그럼 창문은 신소재 강화유리로

이쪽은 바람의 영향이 심하니

건축 재료에 쓰이는 신소재 종류는 놀라운 게 엄청 많아.

건축 신소재

기존에 쓰이던 재료로, 유기 재료에는 목재, 섬유, 고무, 플라스틱, 펄프 등 탄소 재료에는 카본블랙, 탄소섬유 등 유리 재료에는 유리섬유, 유리입자 등 무기 재료에는 미립자, 세라믹스섬유, 세라믹스위스커 등이 있습니다. 기존의 건축물 재료의 문제성과 기능성을 보완하고 향상시키는 첨단 신소재들의 연구가 활발히 진행 중입니다.

우리는 하루의 90% 이상을 실내에서 생활해.

그런 면에서 건축공학이 하는 일은 우리의 생활과 제일 밀접하다고 할 수 있지.

와~ 정말 멋있어요. 선배님들이 하는 일이 얼마나 중요하고 멋진 일인지 알 것 같아요.

많이 기다렸지?
맛있는 거 골라서 사 오느라
좀 늦었어.

와, 이거 정말 맛있는데요.
빵도 신소재 빵인가 봐요.

맞아, 이 빵도
신소재 밀가루로
만든 빵이야.

그리고 이건 너희들
새 옷이야.

네? 저희들
옷이요?

옷이 비에 젖어서 감기 걸릴 것 같아서
예쁜 선배가 사 왔으니까
얼른 갈아입어.

백장미 오늘 선배
노릇 톡톡히 하네.
하하하.

감사합니다. 예쁜
선배님.

지금 갈아 입은 옷도 신소재 섬유 기술로 만든 옷이야.

네? 옷도 신소재 옷이 있어요?

그럼, 나노 코팅 기술로 만든 옷이라 물에 젖지 않는 발수기능과 불에 타지 않는 방염 기능까지 갖춘 옷이지.

아참, 폐교 반대 서명서! 꼼짝힐 뻔 했네.

어머나! 서명서가 다 젖었어요. 오늘 힘들게 받은 건데, 어떡하지…

반대 서명서

길 이○○

걱정 마, 우리 선배들이 다시 받아 줄 테니까. 힘내!

신소재 섬유

아주 가늘고 길어서 자유롭게 변형이 가능한 물질을 섬유라고 하며, 섬유의 종류에는 식물에서 채취한 식물섬유, 동물의 털을 이용한 동물섬유, 그리고 광물에서 추출한 광물섬유 등이 있습니다. 이러한 섬유는 직물의 원료로 쓰이며, 로프, 그물, 펠트 등에 다양하게 쓰여지는데 1980년 이후 인공적으로 만들어낸 인조섬유가 개발되면서 나일론, 폴리에스테르, 아크릴 등의 원료로 사용되어 눈부신 산업발전을 이루었습니다. 그리고 이제는 인조섬유를 뛰어넘어 4차 산업 혁명 시대 신소재 섬유가 개발되어 스포츠, 최첨단 산업에 이르기까지 다양하게 사용되고 있습니다.

앞으론 이 종이에 서명을 받아. 물에 젖지 않는 신소재 미네랄 페이퍼야. 우리들은 다 이걸 쓰거든.

미네랄 페이퍼요?

야, 오탄탄! 너 내가 미네랄 페이퍼 좀 달라고 할 땐 다 써서 없다더니…!

넌 연애 편지 쓰려고 달라고 하니까 없다고 한 거고

슬비는 우리 탄탄 초교를 위해 비를 맞고 희생하는데 당연히 아낌없이 줘야지. 안 그래, 애들아?

너 내가 연애편지 쓰려는 거 어떻게 알았어? 너 내 편지 봤지!

으으윽. 미… 미안…

아 참, 근데 우리 일등이는 왜 같이 안 온 거야? 전화도 안 받던데?

자… 잘 모르겠어요.

암튼, 비를 맞으면서 서명 받으러 다니는 너희들을 봐서라도 우리 선배들도 힘을 합칠 테니 너무 걱정하지 마.

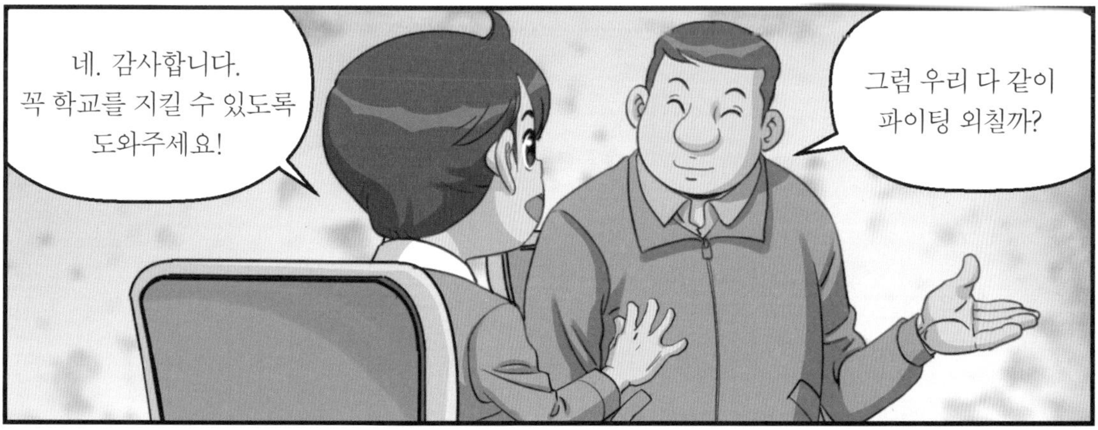
네. 감사합니다.
꼭 학교를 지킬 수 있도록
도와주세요!
그럼 우리 다 같이
파이팅 외칠까?

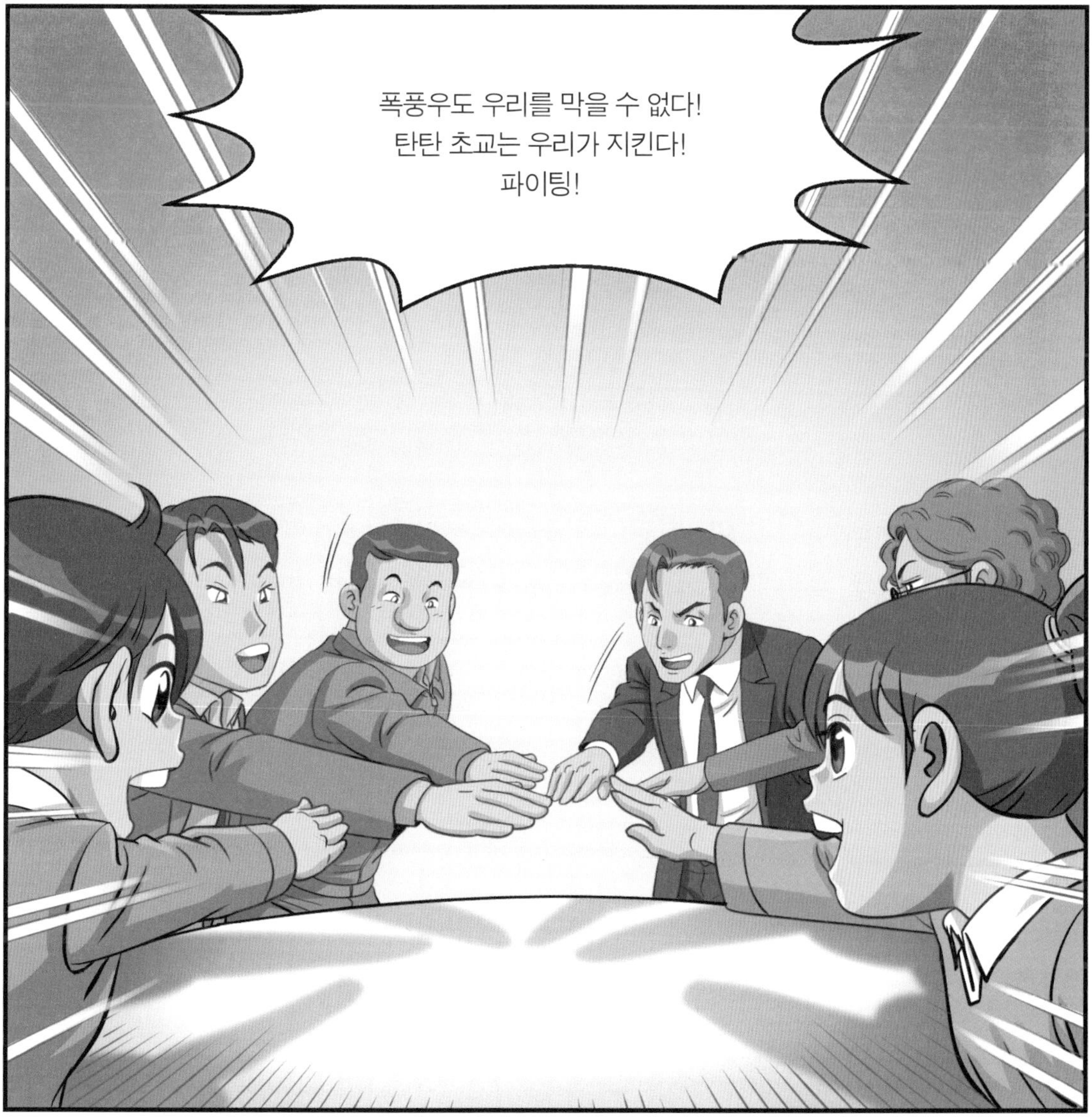
폭풍우도 우리를 막을 수 없다!
탄탄 초교는 우리가 지킨다!
파이팅!

신소재의 종류

기존에는 수많은 소재를 유기 재료, 무기 재료, 금속 재료 등으로 분류했다면 현재 신소재는 신금속 재료, 비금속 무기 재료, 신고분자 재료, 복합 재료 등으로 분류하고 있어요. 신소재의 종류는 어떤 것이 있는지 알아볼까요?

● 신금속 재료

형상기억합금: 힘으로 모양을 변형시켜도 본래의 형상을 기억하고 있어 조금의 가열로도 곧 본래의 모양으로 되돌아가는 합금이다.

비정질금속 재료: 비결정형 재료라고도 불리며, 결정질 금속에 비해 강도가 수십 배 높고, 뛰어난 내마모성, 부식에 대한 높은 저항성을 갖고 있다.

초전도 재료: 절대 영도에 가까운 극저온이 되면 전기 저항이 0이 되는 성질을 지닌 합금으로 입력된 에너지를 완벽하게 전달한다.

● 비금속 무기 재료

파인세라믹스: 고순도의 천연무기물 또는 인공물로 합성한 무기화합물을 원료로 하는 세라믹스로, 전기적인 특수한 성질을 지닌다.

광섬유: 빛이 지나가는 유리 섬유로, 주로 통신과 관련하여 전기 신호를 빛으로 변환해 임의로 구부러진 통로로 빛의 방향을 휘게하여 지나갈 수 있도록 한다.

결정화유리: 유리를 재가열하여 결정화시킴으로써 만들어진 재료로 고온, 급열, 급랭에도 잘 견딘다.

● 신고분자 재료

엔지니어링 플라스틱: 금속이나 세라믹 소재를 대체할 수 있는 고성능 플라스틱

으로 고온에서도 잘 견디고 경량화를 지향하는 제품에 쓰인다.

고효율성 분자막: 특정 물질만을 통과시키는 기능을 가진 고분자막과 같은 특수 재료다.

태양광발전 플라스틱전지: p형과 n형 실리콘 단결정을 접합하여 만듦으로써 태양전지보다 더 발전변환효율이 높은 전지다.

● 복합 재료

바이오센서: 의료용 신소재로 사람의 오감을 가지며 산업용 로봇제어기술 등에 쓰인다.

복합 재료: 두 종류 이상의 소재를 복합하여 고강도, 경량성, 내열성 등의 기능성을 높인 재료다.

탄소섬유 강화 플라스틱: 플라스틱에 탄소섬유를 넣어 강도가 더 높고 가벼우며 자동차 부품, 비행기 날개 등에 사용된다.

섬유 강화 금속: 금속 안에 매우 강한 섬유를 넣은 것으로 금속처럼 강하지만 가벼운 재료로 우주, 항공 분야 등에 사용된다.

신금속 재료	형상기억합금, 비정질금속 재료, 초전도 재료 등
비금속 무기 재료	파인세라믹스, 광섬유, 결정화유리 등
신고분자 재료	엔지니어링 플라스틱, 고효율성 분자막, 태양광발전 플라스틱전지 등
복합 재료	바이오센서, 복합 재료, 탄소섬유 강화 플라스틱, 섬유 강화 금속 등

다 함께
힘을 모아

다음 날

반대 서명서

서명

죄송해요, 선생님.
그동안 받은 서명서가 비에
다 젖어서 엉망이
되었어요.

괜찮아, 슬비야. 비까지
맞으면서 서명서를 받느라
고생했다.

서명서는 다시
받으면 되니까, 너무
걱정하지 말고.

앞으론
비에 젖지 않는
미네랄 페이퍼에
서명서를 받기로
했어요.

오, 그런 게 있어?

네, 선배님이 주셨어요.
그리고 오늘 오탄탄 신배님이 시명서
받아 주신다고 만나자고 했어요.

그래, 우리 다시
힘내보자!

네, 선생님!

선생님, 저희도
서명서
받아 왔어요.

그래. 어서 와라.

너… 너희들은…?

사실 우리는 학교가 폐교를
하든 말든 아무 관심이 없었어.
우리는 곧 졸업할 테니까.

근데 너희들이 비 맞으면서
서명서 받는 걸 보고 다시 한번
생각하게 됐어.

우리도 학교를 지키는 일에 힘을 보태기로 했어.

애들아, 정말 고마워.

좋아! 기분이닷! 내가 오늘 떡볶이 쏜닷!

정말이냐, 이슬비?

야, 내가 너희 두 명한테 떡볶이 하나 못 사주겠니?

와 신난다!

애들아, 너희도 들었지?

와~ 6년 만에 슬비한테 떡볶이를 얻어먹는 날이 오는구나.

배터지게 먹어보자.

이슬비 짱이닷!

너… 너희들…??

아… 안 돼.
이건…

아무래도 떡볶이는
선생님이 사야겠구나.

휴~ 다행이다.
한 달 용돈
날아갈 뻔했네.

그럼 슬비가 사는
떡볶이 언제 먹어보나?
오늘이 기회였는데…

할 말이 뭔데?

어제 너네 삼촌이 가르쳐 준
약속시간이랑 장소
왜 말 안 했어?

…

어제 얼마나
고생했는지
알아?

미… 미안해…
깜빡했어.

너 일부러 말
안 한 거지?

한별이한테 얘기 다 들었어. 그때 일로 한별이랑 사이 안 좋아져서 일부러 말 안 한 거지?

아… 아니야.

아무튼 어제 일은 비겁했어. 한별이랑 빨리 화해하고 예전처럼 사이좋게 지내.

내 일은 내가 알아서 해.

획

하 하 하 하

교육부

14동-2 교육부

상관님은 시금 안 계세요.
미리 약속을 하고 오셔야지
무턱대고 오시면
어떡합니까?

보좌관 무모한

죄송합니다. 장관님을
꼭 뵙고 폐교 결정을
철회해 달라는 부탁을
드리고 싶은 마음에
이렇게 왔습니다.

탄탄 초교뿐만 아니라,
전국의 모든 초등학교를
대상으로 변화하는 새 시대에
맞지 않는 학교는 폐교한다는
것이 교육부의 계획입니다.
그런 줄 알고 돌아가세요.

우리 탄탄 초교는 변화하는
미래 사회에 진출하여 꿈을
펼칠 학생들로 가득한
학교입니다.

우리 학교 아이들이
그 증거입니다.
제발 폐교 처분을 재검토해
주십시오.

들자하니 학생들을 부추겨 폐교 반대 서명서를 받고 다닌다면서요?

아이들이 학교를 사랑하는 마음에…

아무튼 오늘, 학교 담장부터 철거하라는 지시가 있었어요.

보좌관 무모한

네? 담장을 철거한다고요?

장관님의 지시입니다.

절대 그럴 수 없습니다! 절대!

아이들의 꿈을 위해, 끝까지 학교를 지키겠습니다.

아스떼리 구슬도
보니까
정말 멋지네.

미래는
어떤 모습으로
바뀌어 있을까?
너무 궁금해.

물을 주어야 꽃이 피듯,
미래는 준비해야 꿈을
이룰 수 있어.

선생님은 한별의 꿈을
응원해.

벌써 와 있네.

미래 + 병원

헉!

야옹

어?
위… 위험해요!

아이쿠!

서… 선배님.
괜찮으세요?

아이고 머리야.
길고양이 녀석이 갑자기
튀어나오는 바람에.

괜찮으세요?

차도 많이
망가졌어요.

걱정하지 않아도 돼. 한별아, 내가 무슨 일을 한다고 했지?

신소재 금속공학이요.

그래. 기억하고 있구나.

근데 신소재 금속공학이 어떤 것인지는 잘 모르겠어요.

이걸 보면 금방 알 수 있지.

위이잉

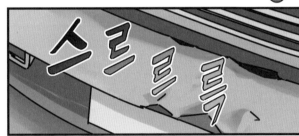

스르르륵

어? 망가졌던 범퍼가 원래대로 펴졌어요.

이 자동차 범퍼는 기존의 강화 플라스틱 범퍼가 아닌 '형상기억합금' 범퍼로 만들어졌거든.

형상기억합금이요?

그래, 이런 새로운 금속 소재를 연구하는 것이 바로 신소재 금속공학이야.

형상기억합금

금속이 원래 가지고 있던 모습을 기억하고 있어 특정한 온도를 주면 원래의 형태대로 돌아가는 금속입니다. 니켈과 티타늄의 1:1 비율의 합금이 원래 모습으로 돌아가는 특성이 발견되면서 활발히 연구 개발되고 있습니다. 지금은 생활용품이나 기초적인 산업 부품에 사용되고 있지만 미래 산업을 이끌어 갈 핵심 신소재입니다.

형상기억합금은 주로 어디에 사용하는데요?

기계 제품이나 일상생활 물건에 사용되고 있어.

많은 사람들이 쓰는 안경테라든지, 치아를 묶어주는 치아 교정용 와이어라든지.

괜찮아, 울지마. 이 안경테는 형상기억합금으로 만들어졌어.

안경테와 치아 교정 와이어에 사용된다구요? 와, 그럼 우리들이 벌써 사용하고 있었네요.

아~ 해봐, 치아 교정 와이어가 형상기억합금인지 보자.

형상기억합금 기술은 하나의 분야일 뿐이고,

신소재 금속공학 기술에는 엄청나게 많은 분야가 있어.

구리와 알루미늄, 칼슘과 마그네슘, 니켈과 티타늄 등 수많은 금속 재료의 성질을 연구하는 연구 분야,

각종 산업 제품에 사용될 금속을 만들어 내는 생산 분야와 생산한 제품을 가공하는 가공 분야 등 다양한 분야가 있어.

선배님은 어떤 분야인가요?

나는 금속 원자와 화학 결합을 통해 원하는 새로운 금속을 만들어내는 기술 분야에서 일하고 있지.

새로운, 즉 신소재 금속을
만들어 내는 일이라
아주 재미있어.

지금 로봇에 필요한
신소재 금속을
연구 중이야.

로봇이요?
정말 재있겠다.

신소재
금속 공학기술은
선쟁이라고 해도
과언이 아닐 만큼
전 세계가 치열한
경쟁을 벌이고 있어.

얼마 전 국가에서 수십 억을 투입해
세계 최초로 만든 신소재 '폴리머칩 안테나*'
기술을 외국으로 빼돌리려던 산업 스파이가
검거되기도 했지.

산업 스파이. 당신을
체포합니다.

하… 한 번만
봐주세요…

*폴리머칩 안테나란 기존 세라믹 소재의 근거리 통
 신용 안테나의 단점과 비용을 절감한 첨단 신소재
 안테나입니다.

나쁜 사람들 같으니!

듣고 보니 정말
신소재 분야는 미래에
꼭 필요한 기술 같아요.

페인트를 칠해준 나칠해 선배님은 신소재 나노공학 전공을, 최대한 선배님은 신소재 건축공학 기술을.

그러고 보니 선배님들은 모두 신소재 분야에서 일하고 있네요?

탄탄 초등학교 나닐 때부터 우리는 미래에 관심이 많았었거든.

야, 미래에 우리는 뭐하고 있을까?

난 로봇을 만들고 있을 걸.

매일 모여서 미래를 향한 꿈을 꿨지.

어? 선배님, 이마에 혹이?

핸들에 부딪혀서 그런가 보다.

빨리 병원에 가야겠어요.

그래, 어차피 병원에 가는 길이니까 빨리 가자.

서명서에 사인하기로 한 후배들이 저기 미래 병원에서 근무하거든.

자, 다 됐어요.
선배.

수고했어.
신미래 후배.

근데, 이따
수영해야
하는데
어떡하지?

아, 맞다. 오늘
신소재 전문가
수영 모임 있죠?

근데 상관없어요.
신소재 거즈라
물 속에서도
안전하답니다.

거즈도 신소재가
있어요?

참, 한별이라고 했지? 서명서 받으러 다니느라 수고가 많구나.

아니에요.

지금 붙인 거즈는 거미줄의 원리를 이용해서 만든 신소재 거즈야.

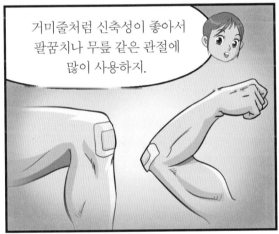

거미줄처럼 신축성이 좋아서 팔꿈치나 무릎 같은 관절에 많이 사용하지.

그리고 공기는 투과시키지만 방수 기능이 있어 물 속에서도 사용할 수 있고, 세균 침투를 막아 빠른 회복과 치료에 도움을 주지.

정말 새로운 세상 같아요.

누가 내 이름을 불러? 너냐, 꼬마?

어머, 오빠.

선배님 오셨어요?

지나가는데 누가 새로운 세상이라고 말하길래 들어왔지. 내 이름이 신세상이란다.

이… 이름이 '신세상' 이라구요?

우리 오빠는 의료 신소재 전문가야.

안녕하세요?

그래, 반가워.

오늘은 어떤 신소재 의료 용품을 가져왔어요?

접합 지지대와 혈관 확장기야.

뼈가 골절 되었을 때 뼈를 접합시켜 주는 지지대인데 체내에서 녹이 발생하거나 피부가 달라붙어 피부 제거 수술을 할 필요가 없는 신소재 금속으로 만들어졌어.

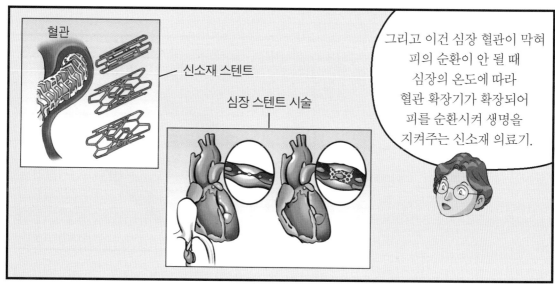

혈관

신소재 스텐트

심장 스텐트 시술

그리고 이건 심장 혈관이 막혀 피의 순환이 안 될 때 심장의 온도에 따라 혈관 확장기가 확장되어 피를 순환시켜 생명을 지켜주는 신소재 의료기.

사람의 심장에까지 신소재가 쓰이다니, 놀라워요.

아직 놀라긴 이른데?

또 어떤 게 있는데요?

한별이의 궁금증이 폭발하는구나.

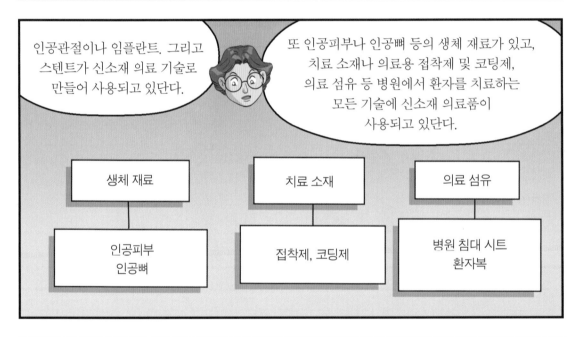

인공관절이나 임플란트. 그리고 스텐트가 신소재 의료 기술로 만들어 사용되고 있단다.

또 인공피부나 인공뼈 등의 생체 재료가 있고, 치료 소재나 의료용 접착제 및 코팅제, 의료 섬유 등 병원에서 환자를 치료하는 모든 기술에 신소재 의료품이 사용되고 있단다.

생체 재료	치료 소재	의료 섬유
인공피부 인공뼈	접착제, 코딩제	병원 침대 시트 환자복

스텐트

작은 철망으로 된 튜브를 말합니다. 체내의 동맥을 열고 혈관 안에 삽입하면 피의 흐름을 정상적으로 도와줍니다. 팽창방법에 따라 자가팽창형 및 풍선확장형으로, 제조방법에 따라 세선형 및 튜브형으로, 피막유무에 따라 피복형 및 비피복형으로, 적용부위에 따라 혈관용 및 비혈관용으로 분류됩니다.

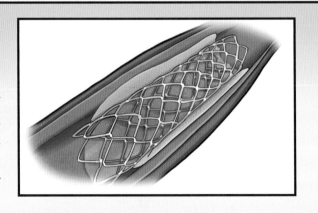

그럼 그런 기술은 의사들이 연구하는 건가요?

아니, 의사들이 환자를 치료하기 위해 필요한 도구를 연구하고 만드는 건 나 같은 신소재 전문가가 하는 일이란다.

꼬마도 나중에 신소재 의료 전문가가 되지 않을래?

제… 제가요?

선배님, 한별은 그보다 더 중요한 일이 있어요.

그게 뭔데?

서명서 받는 거요.

아~ 오전에 했던 서명?

자, 이건 우리 병원에서 받은 서명서야.

네. 감사합니다. 선배님.

아, 그리고 백장미한테 서명서 받으러 갈 땐 꼭 장미꽃 한 다발 가져가는 거 잊지 말고. 알았지?

장미꽃이요?

어, 슬비야. 서명서 많이 받았…

뭐라고? 그… 그게 정말이야?

아… 안 돼! 안 돼!

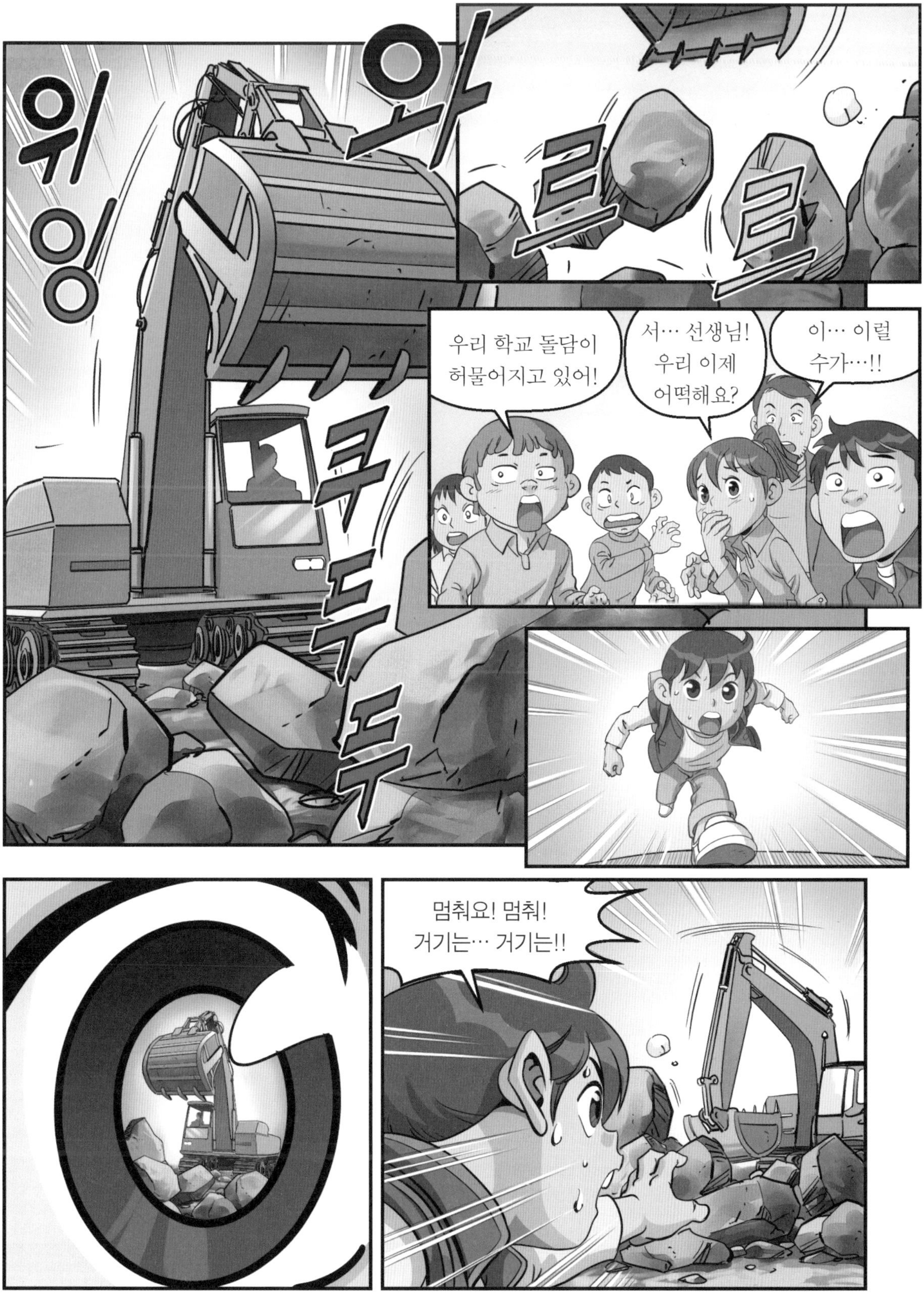
위잉
와르르
쿠두두두
우리 학교 돌담이 허물어지고 있어!
서… 선생님! 우리 이제 어떡해요?
이… 이럴 수가…!!
멈춰요! 멈춰! 거기는… 거기는!!

신소재의 성질과 분류

신소재공학은 다양한 소재의 성질을 융합, 개발하여 새로운 소재를 개발하기 위한 연구를 하는 학문이에요. 신소재를 연구, 개발하려면 그 성질을 알아야 해요. 신소재는 어떤 성질을 가지고 있는지 그에 따라 어떻게 분류할 수 있는지 알아볼까요?

● 전기적 성질에 따른 분류

전기적 성질을 가진 소재에는 도체, 절연체(부도체), 반도체 등이 있어요. 도체는 전기 저항이 작아 전류가 잘 흐르는 물질로 철, 구리 등이며, 절연체는 전기 저항이 아주 커서 전류가 거의 흐르지 않는 물질로 고무, 나무, 유리, 플라스틱 등이에요. 반도체는 도체와 부도체의 중간 전기적 성질을 갖는 물질로 온도나 압력 등 조건에 따라 전기 저항이 변하여 도체처럼 활용할 수 있는 물질로 규소 등이 있어요.

이러한 전기적 성질을 가진 소재를 이용한 신소재에는 액정 디스플레이, 불순물 반도체 등이 있어요. 액정 디스플레이는 가늘고 긴 분자가 규칙적으로 배열하고 있어 고체 결정의 성질을 가지면서 액체처럼 흐르는 물질인데요. 최근에는 휘어지는 디스플레이도 개발됐어요. 불순물 반도체는 전기가 잘 흐르지 않는 규소에 불순물을 첨가하여 전기가 잘 흐르도록 만든 것이에요.

● 자기적 성질에 따른 분류

자기적 성질은 자석의 N극과 S극이 상호작용하면서 자기장을 만드는 성질이에요. 강자성체는 자석이 가까이 있으면 강하게 끌려오고 자기장이 이동하는 방향으로 강하게 자화되는 물체로 철, 니켈, 코발트 등이 있어요. 상자성체는 자석이 가까이 있으면 약하게 끌려오고 자기장이 이동하는 방향으로 약하게 자화되는 물체로 알루미늄, 산소가 있어요. 반자성체는 자기장이 이동하는 반대 방향으로 자화되는 물체로 구리, 유리 등이 있어요.

● 전자기적 성질을 가진 신소재

전자기적 성질을 이용한 신소재에는 초전도체, 네오디뮴 자석 등이 있어요. 임계온도 이하에서 전기 저항이 0이 되는 현상을 초전도 현상이라 하고, 이러한 성질이 있는 물질을 초전도체라고 해요. 초전도체는 열이 발생하지 않아 전력 손실이 없고 센 전류가 흐르기 때문에 강한 자기장을 만들 수 있어서 송전선, 공명영상장치(MRI), 자기부상열차 등에 사용돼요. 네오디뮴 자석은 철 원자 사이에 네오디뮴과 붕소를 첨가하여 철 원자의 자기장 방향이 흐트러지지 않도록 만든 강한 자석으로 스피커, 모터 등에 사용돼요.

● 원자의 결합 구조나 배열을 변화시킨 소재

전기적, 자기적 성질과 분류되는 그 외 여러 가지 신소재에는 그래핀, 탄소나노튜브 등이 있어요. 그래핀은 탄소 원자가 육각형 벌집 모양의 구조를 이루고 있는 물질로 전기가 잘 통하고 플라스틱처럼 유연해요. 탄소나노튜브는 그래핀이 원통 튜브 모양으로 말려 있는 구조로 열과 전기를 잘 전달하는 성질이 있으며 가볍고 단단하여 첨단 현미경의 탐침, 나노핀셋 등에 활용돼요.

투명인간을 찾아서

거기는 꽃이 심어져 있단 말이에요! 꽃이!

으헛!

데구 르르...

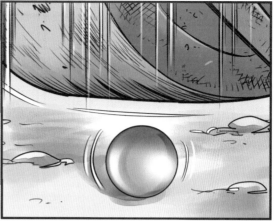

아… 안 돼!
아스떼리!!

쿠 쿵

안 돼!

한별아!
괜… 괜찮아?

뭐야? 갑자기 왜 이래? 왜 작동이 멈추지?

다행이야. 깨지지 않았어.

거참 이상하네. 한 번도 말썽없던 굴삭기였는데…

넌 깨진 무릎 보다 구슬이 더 걱정인가 보구나?

쟤네들 진짜 저렇게까지 학교를 지킬 줄 몰랐어. 대단해.

안 그래, 일등아?

굴삭기 고장으로 더 이상 작업을 할 수가 없어요. 오늘은 철수하겠습니다.

아이들이 있는 앞에서 정말 이렇게까지 해야 합니까?!

돌담이 허물어지시면 우리 아이들 마음도 무너진다는 것을 정말 몰라서 이러냔 말입니다!

어떡해. 화단이 다 망가져 버렸어.

아… 안 돼. 진한별 선생님과 약속을…

약속을 지켜야 돼.

…?

어? 새… 새 잎이 돋아났어. 새 잎이!

이… 이건 진한별 선생님이 말씀한 꽃의 잎일 거야. 틀림없어.

어머나, 잎이 정말 예쁘다.

이젠 선생님과의 약속을 지킬 수 있게 되었어. 반드시 학교도 지키고 선생님과의 약속도 지킬 거야.

그래, 무너진 돌담 밑에서도 저렇게 예쁜 새잎이 돋아나는데 우리도 포기하면 안 되지.

오늘 받은 서명서야. 조금만 힘내면 곧 100명 다 받을 수 있을 것 같아.

아 참, 내일은 백장미 선배님네 갈 거지?

응. 내일.

그럼 만나서 같이 가자.

내일은 다른 사람이랑 가기로 했어.

그래? 누구랑?

나중에 말해 줄게.

다음 날

나도 방금 물 주고 왔는데 너도 물 주고 있구나?

여기까지 서명서 받으러 왔냐? 난 관심 없다니까.

아니. 장미꽃 사러 왔다. 예쁜 여자한테 줄 선물이야.

이슬비한테 주려고?

궁금하면 같이 가던가.

한별이와 일등, 너희 둘이 일주일씩 교대로 교장실 청소 당번이다.

교장 선생님께서 한 달 간 출장 가시면서 특별히 부탁한 화분이니까 죽지 않게 꼭 물 주는 거 잊지 말고. 알았지?

네, 선생님.

한 달 후

진한별 선생님! 그렇게 신신당부했는데 화분을 말라 죽이다니!

죄송합니다 교장 선생님. 다 제 잘못이에요.

엄마가 꽃집을 운영하고 있는 나일등 학생이 화분에 물 주는 걸 잊을 리는 없을테고,

장한별 학생이 화분에 물 안 준 거 맞지? 그렇지?

아… 아니에요. 지난주까지 제가 물 줄 때는 화초가 분명 살아 있었어요. 정말이에요.

끝까지 거짓말 할 거냐?

저… 저는… 정말…

선생님은 한별이가 정성을 다해 화초에 물 주고 관리했다는 걸 알아. 선생님은 한별이를 믿어.

서… 선생님…

미… 미안…

와락

섬유 공학 연구소

슬비가 여기 있어?

들어가 보면 알아.

장미꽃을 숨겨서 몰래 들어가야 돼.

무슨 탐정 놀이하는 거냐, 지금?

조~용

아무도 없네?

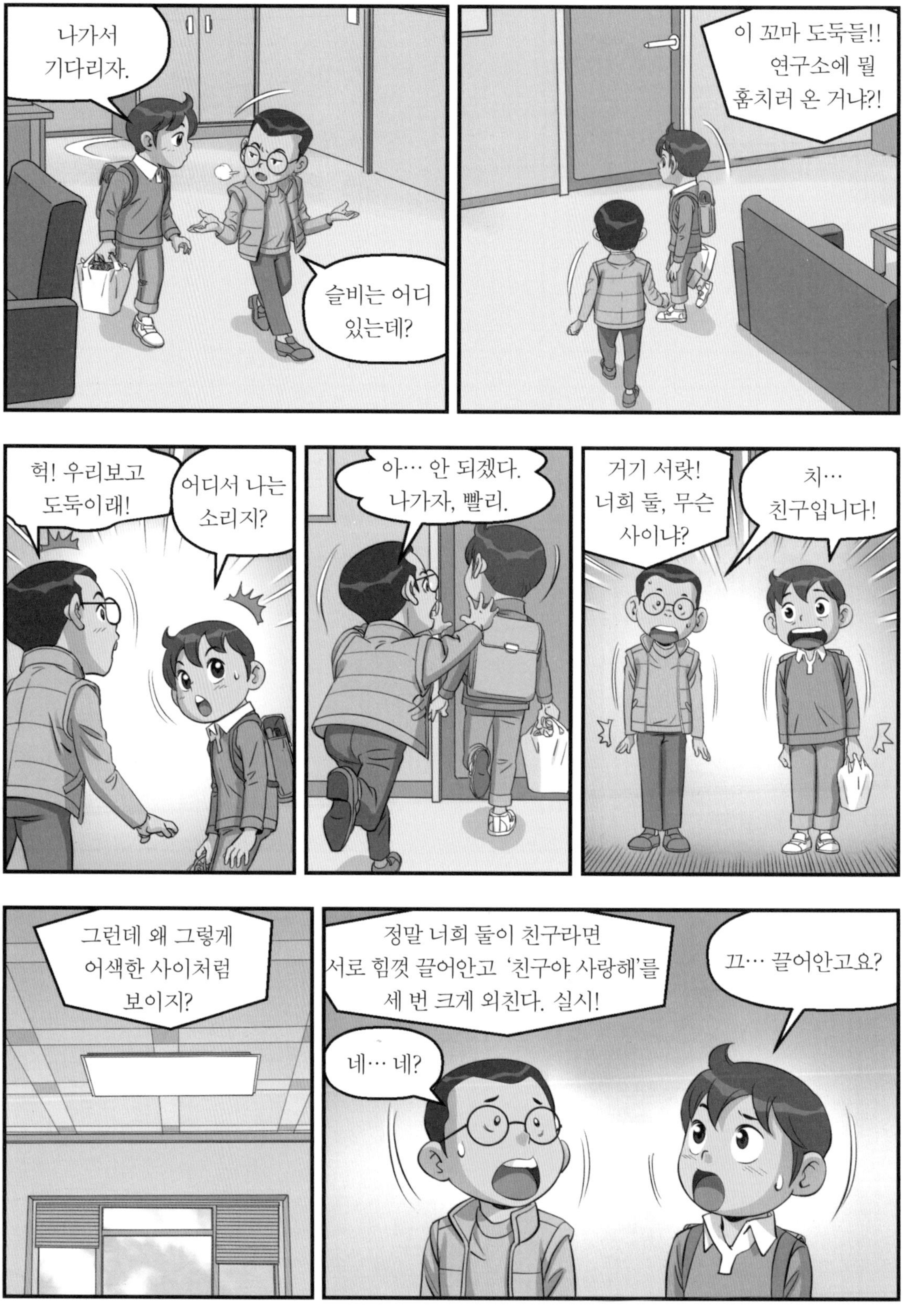
나가서 기다리자.
슬비는 어디 있는데?
이 꼬마 도둑들!! 연구소에 뭘 훔치러 온 거냐?!
헉! 우리보고 도둑이래!
어디서 나는 소리지?
아… 안 되겠다. 나가자, 빨리.
거기 서랏! 너희 둘, 무슨 사이냐?
치… 친구입니다!
그런데 왜 그렇게 어색한 사이처럼 보이지?
정말 너희 둘이 친구라면 서로 힘껏 끌어안고 '친구야 사랑해'를 세 번 크게 외친다. 실시!
끄… 끌어안고요?
네… 네?

빨리 실시하지 않으면 너희들을 연구소 기밀을 훔치러 온 도둑으로 알고 밧줄로 꽁꽁 묶어 경찰서로 데려가겠다!

흐헉! 어… 어떻게 밧줄이 허공에…?

우… 우린 도둑이 아니라 백장미 선배님을 만나러 온…

안 되겠군! 밧줄로 꽁꽁 묶어야지!

으허헉!

친구야 사랑해!

나도 사랑한다, 친구야!

사랑한다 친구야! 정말 사랑한다 친구야!

나도 너 밖에 없다 친구야! 사랑해 친구야!

ㅋㅋㅋㅋ

아이고 배꼽이야, 아이고 귀여운 녀석들!

…?

좋아. 너희 둘이 그렇게 사랑하는 친구였다는 게 증명되었으니 초콜릿 선물을 주마.

으허허헉! 귀… 귀신이다!

우와아아아~ 무서워~!

우엣취!

우엣취!

켁켁

우엣취!

켁켁

아이고 죽겠다. 아이고! 엣취~ 엣취~!

엣취

켁켁

배…백장미 선배님…??

아는 사람이야?

엣취! 장한별. 너 여기 올 때 장미꽃 사오라고 누가 말했어?

오… 오탄탄 선배님이 알려줬어요. 장미꽃 사 가지고 가면 좋아하실 거라고…

엣취, 내가 장미꽃 알레르기가 있다는 걸 알고 일부러 시켰군. 괘씸한 녀석 오탄탄.

근데 정말 너희들 그렇게 사랑하는 친구일 줄은 몰랐는 걸. 아무튼 반가워. 난 신소재 섬유공학 기술자 백장미란다.

네… 선배님

안녕하세요?

하지만 알레르기도 이 신소재 스프레이를 뿌리면 금방 없어지지.

치익

근데 어떻게 모습을 감추고 있었던 거예요?

아, 그건 바로 이 투명망토 때문이지.

투명망토요?

영화 속에서나 나오는 투명망토가 이젠 이렇게 현실로 가능해졌단다. 물론 좀더 보완해야 할 점이 있긴 하지만 말이야.

섬유공학

섬유공학이 투명망토 개발하는 곳이에요?

투명망토

영화 속에서 종종 등장하는 투명망토가 캐나다의 군수업체에서 처음 개발되었습니다. 망토를 착용하면 주변의 태양빛을 굴절시켜 착용자가 시야에서 보이지 않게 되는 원리인데, 이 투명소재는 사람의 눈뿐만 아니라 적외선 망원경과 열감지 장치로도 보이지 않는다고 합니다. 하지만 아직 완벽하지 않은 상태로 전 세계 신소재 공학자들이 활발하게 연구 중에 있습니다.

섬유공학은 섬유의 소재와 재질을 연구하는 기술 분야란다.

여긴 섬유를 연구하는 곳이란다. 한번 볼래?

실험실이네요.

섬유 구조의 인장력, 열과 빛, 그리고 화학약품에 대한 안정성 등을 시험 연구하여 새로운 섬유를 만드는 곳이지.

세게 잡아당겨도 끊어지지가 않네요. 이만하면 테스트 통과하겠어요.

고열에도 불이 안 붙는 섬유도 실험 성공입니다.

그럼 새롭게 개발된 섬유 제품들은 어디에 활용하고 있나요?

먼저 든든하게 국가를 지켜주는 군인들의 군복에 활용하지. 방수 기능은 기본이고 첨단 방탄복으로도 만들어지고 있어.

신소재 섬유에 초소형 컴퓨터칩을 삽입하여 무선통신 신호로 소통하며 작전을 수행하고, 독가스 등 인체에 해로운 유해물질을 감지하는 센서를 통해 생명을 지키고,

주변의 환경에 따라 군복의 색상이 바뀌는 기능을 가진 최첨단 신소재 섬유로 안전을 꾀하지.

신소재 섬유 군복 방수와 방탄 기능

신소재 섬유 철모 방탄과 무선통신 기능

군복의 색상이 자연의 색상에 맞춰 변하는 첨단 소재

유해물질 감지 센서

특히 신소재 스마트 섬유는 바쁜 군인들을 위해 세탁할 필요가 없이 박테리아를 이용해 자연적으로 오염을 없애는 기능도 있어.

빨래하지 않아도 되니 남는 시간은 책도 보고… 음악도 듣고…

난 부모님께 편지 써야지.

그리고 신소재 나노섬유 같은 경우는 극초미세 섬유로 방수와 방진*에 우수한 기능을 갖고 있단다.

1나노는 머리카락 굵기의 1000분의 1

＊방진 : 먼지가 들어오는 것을 막음

그런 섬유는 어떻게 개발하는 거예요?

신소재 섬유의 대부분은 의외로 자연의 식물에서 힌트를 얻고 만들어져.

정말 의외인데요?

식물과 신소재…?

혹시 연꽃잎 봤니?

싹 아 아 아

연꽃잎에 빗방울이 또르르르 맺히는 걸 보고 아이디어를 얻어 연구원들이 신소재 나노섬유를 개발하게 된 거지.

또 르 르 르

식물의 잎을 보고 신소재 섬유가 연구된다는 게 정말 놀라워요.

그러니까 무엇을 하고 무엇을 보든지, 아무리 작은 것이라도 그냥 무관심하게 보면 안 되겠지?

세상을 바꾸는 힘은 언제나 아주 작은 것에서부터 시작된다는 것을 명심해.

네. 명심하겠습니다.

이러한 나노섬유 소재품들은 의료 보건 쪽에 많이 활용하고 있단다.

환자들이 음식을 먹을 때 음식물이 묻어도 빗방울처럼 그냥 흘러내리는 기능이 있어 늘 쾌적한 환자복을 입을 수 있고,

괜찮아. 지금 입고있는 환자복은 신소재라 음식물이 묻지 않아. 걱정말고 많이 먹어.

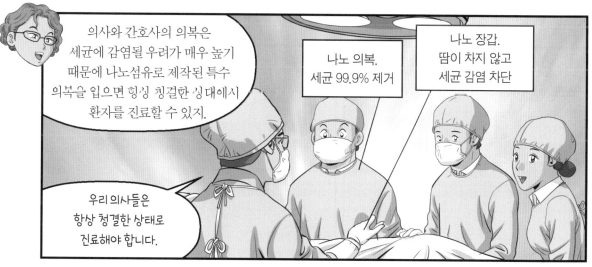

의사와 간호사의 의복은 세균에 감염될 우려가 매우 높기 때문에 나노섬유로 제작된 특수 의복을 입으면 항상 청결한 상태에서 환자를 진료할 수 있지.

나노 의복. 세균 99.9% 제거

나노 장갑. 땀이 차지 않고 세균 감염 차단

우리 의사들은 항상 청결한 상태로 진료해야 합니다.

또 미세먼지나 바이러스 차단에 꼭 필요한 나노 마스크는 이미 우리 생활에서 모두가 사용하고 있고

미세먼지, 바이러스 꼼짝마!

미세먼지

바이러스

정말 신소재 섬유는 우리가 이미 사용하고 있는 것도 있네요.

그리고 없어서는 안 될 엄청 중요한 기술 분야 같아요.

가만, 우리 후배들도 손님인데 맛있는 거 대접해야지. 날 따라오렴.

네, 선배님.

근데 슬비는 왜 같이 안 왔어?

이거 엄청 맛있네요.

진짜. 슬비는 어디 있는 거냐?

백장미! 어디 있어?!

또 투명망토 쓰고 숨어있는 거야?

백장미 어디 있냐구!! 급하단 말이야!!

어? 지식인 목소린데?

잠깐 갔다 올 테니까 천천히 먹고 있어.

여기 있었구나 백장미.

탕비실

지금 한가하게 휴식을 즐길 때가 아니라고.

왜? 무슨 일인데?

이번에 우리 연구소에서 개발한 그래핀 소재가 함유된 첨단 섬유 제품 기술을 유출해 가려고 전 세계 스파이들이 우리나라에 입국했다는 긴급 정보야.

좌측, 이름은 '싸이퍼' 미국 국적의 산업 스파이

우측 인물은 중국 국적을 가진 뽕따이훙.

어서 국정원과 신소재 기술 업체들에게 알려! 스파이들이 잠입했다고!

그렇겠지. 전 세계가 신소재 기술로 치열한 경쟁을 하고 있으니까.

그래서 우리 연구소에는 너 같은 유능한 변리사를 고용한 거고. 그러니 무슨 일 있겠어?

그… 그야 그렇지. 나 같은 유능한 변리사가 능력을 발휘하면 산업 스파이가 제 아무리 기술을 훔쳐가도 아무 소용없지.

아무튼 이번에 연구 개발한 신소재 섬유 제품 기술 특허등록을 해야 향후에 기술 유출이 되더라도 지식재산권을 주장할 수 있으니까, 지금까지 연구된 기술 서류를 빨리 정리해서 줘.

산업 스파이?

변리사?

그래 알았어. 지식인 너도 이리 와서 뭐 좀 마셔라.

어? 누… 누구야, 쟤들은?

114

나의 자랑스런 탄탄 초교 후배들이야.

얘들아. 내 친구이자 변리사인 지식인이라고 해.

안녕하세요?

휴! 그렇군. 신소재 관련해 기술을 훔치는 스파이들이 하도 많아서 살짝 의심했네. 미안해.

변리사라는 직업은 처음 들어 봐요.

그럴 거야. 하지만 변리사는 신소재와는 떼려야 뗄 수 없는 직업이야.

저도요.

왜냐하면 국가나 기업에서 막대한 자본을 들여 개발한 신소재 기술이나 제품, 아이디어 등을 특허권으로 만들어서 기술이 유출되더라도 법으로 보호받게 해주는 역할을 하거든.

변리사

기업이나 업체, 또는 국가간에 발생하는 산업재산권(특허권, 실용신안권, 디자인권 및 상표권)에 관한 분쟁을 해결해주는 업무를 수행합니다. 변리사가 되기 위해선 화학공학, 기계공학, 바이오생명과학, 전기전자 네 가지 중 한 분야의 전문지식을 갖추어야 합니다.

지금도 그렇지만 앞으로 다가올 미래 사회에는 최첨단 과학기술이 더더욱 발전하면서 새로운 기술과 개발을 둘러싼 권리와 특허권의 분쟁이 수없이 발생하게 되어 막대한 손해를 보는 일들이 생겨날 것이므로 이를 해결하기 위해 꼭 필요한 직업입니다.

변리사는 누구에게 어울릴까요?

변리사가 되려면 기업의 아이디어나 기술 분야에 대해 세세하고 정확하게 이해해야 하기 때문에 섬세한 성격을 가진 사람이라면 좋겠지.

내 취미는 바느질이고, 특기는 뜨개질이야. 그래서 항상 바늘과 실을 가지고 다니지.

역시 내 눈은 못 속여.

예쁘게 꿰매 줄게.

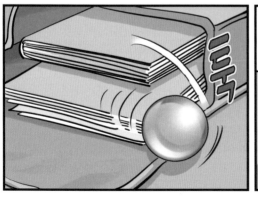

어? 구슬이네? 근데 이 구슬은…?

아스떼리 구슬이에요.

116

이건 보통 유리 구슬이 아닌 그래핀 신소재로 만들어진 구슬 같은데? 이런 걸 어디서 구했어?

뭐? 그래핀으로 만들어졌다고? 어머? 진짜네. 맑고 투명한 게 참 예쁘다.

우리 선생님이 주셨어요. 탄소원자 그래핀으로 만들어진 특별한 구슬이라고 하셨어요.

그래핀에 대해 좀더 말씀해 주실 수 있어요?

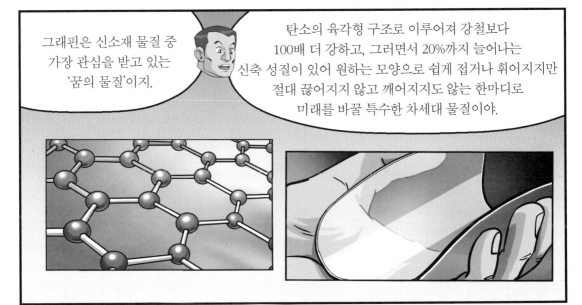

그래핀은 신소재 물질 중 가장 관심을 받고 있는 '꿈의 물질'이지.

탄소의 육각형 구조로 이루어져 강철보다 100배 더 강하고, 그러면서 20%까지 늘어나는 신축 성질이 있어 원하는 모양으로 쉽게 접거나 휘어지지만 절대 끊어지지 않고 깨어지지도 않는 한마디로 미래를 바꿀 특수한 차세대 물질이야.

아, 그래서 굴삭기에도 깨지지 않았구나.

또 있지. 구리보다 10배나 빠르게 전류가 흐르는 전도성과 결정적으로 빛을 통과시키는 성질이 탁월해 반도체나 태양전지, 전자회로 등 미래 산업에 쓰일 핵심 물질이란다.

그래핀은 우리 섬유공학 분야에서도 연구하고 있는 신소재야.

아까 투명망토가 바로 그래핀으로 만들어졌단다. 정말 신기하고 놀라운 물질이지?

내가 알기론 어떤 공학자가 시험용으로 만들어 꿈을 찾는 아이들 7명에게 선물로 줬다고 들었어.

그래서 그래핀 구슬은 전 세계에 7개 밖에 없는 걸로 아는데…

이렇게 귀한 걸 너에게 준 걸 보면 선생님이 널 무척이나 아끼고 사랑했나 보구나?

이 아스떼리 구슬이 너의 꿈을 찾아줄 거야.

얘기하다 보니 깜빡했네. 빨리 기술 특허 신청서류 만들어야 하는데.

산업 스파이들 때문에 서둘러야 돼. 빨리 신소재 기술 자료를 보내 줘.

스파이들로부터 기술 유출을 막는 것도 중요하지만, 지금은 탄탄 초교를 지키기 위해 서명서를 받으러 온 우리 후배님들 일이 더 중요해.

서명서부터 써 줘야지. 안 그래, 후배들?

네. 고맙습니다.

섬유 공학 연구소

근데 슬비는 언제 만나는 거냐?

난 슬비 만난다고 한 적 없다. 궁금하면 따라 오라고 한 거지.

뭐… 뭐라고?

그럼 지금부터 슬비를 찾으러 가 볼까?!

야, 장한별! 날 속이다니!

신소재로 바뀐 제조 산업

더 강하고 유연하고 탄탄한 소재가 등장할수록 소재를 사용하여 상품을 개발하는 제조 산업은 계속해서 발전해왔어요. 21세기 들어서는 특히 우주, 항공, 군사 산업에서 소재를 향한 수요가 폭발적으로 증가하면서 신소재의 개발을 부추기게 되었어요. 신소재가 등장하면서 제조 산업은 어떻게 발전했는지 알아볼까요?

● 그래핀을 활용한 스마트폰

그래핀은 지구에서 가장 얇은 물질이지만 강철보다 강하고 열, 전기 전도성이 뛰어난 물질이에요. 중국 기업은 전도도의 향상을 위해 휴대폰에 그래핀 입자를 사용했어요. 또한 우리나라의 한 기업과 연구진은 그래핀을 터치스크린에 적용한 스마트폰을 개발하기도 했어요. 그래핀은 휘어져도 그 성질을 잃지 않는 특성을 가지고 있는데, 이러한 특성으로 인해 앞으로 휘어지는 스마트폰이 개발될 것이라 기대되고 있어요.

● 복합소재로 만든 자동차

자동차를 만드는 람보르기니사는 첨단 탄소섬유 복합소재로 만든 자동차를 개발했어요. 이러한 소재는 강성이 뛰어난 초경량 소재로, 고성능 자동차 개발에 새로운 가능성을 제시할 뿐만 아니라 기존에 사용하던 의료용 소재보다 방사선 적합성도 뛰어나 미래 의료용 소재로서도 주목받고 있어요. 신소재로 만든 자동차는 어떤 온도에도 견디고, 배터리가 강력해지며, 차체도 훨씬 가벼워져요. 세계의 자동차 산업은 신소재인 탄소섬유와 나노섬유로 차체를 만들어 경량화를 꾀하고, 합성 섬유인 인공 거미줄로 가볍고 얇으며, 강력한 기능을 가진 카시트를 만들어냈어요.

● 엘라스토머(스스로 치료하는)로 만든 의류

한 의류 회사는 구멍이 뚫렸을 때 손톱으로 문지르면 다시 복구되는 자가치유 섬유를 개발했어요. 또 한국화학연구원 연구팀이 스스로 치유하는 엘라스토머 신소재를 개발한 덕분에 실온에서도 자가치유되고 기존 소재에 비해 강도가 2배 이상 강한 의류를 만들 수 있게 됐어요. 그리고 한국과학기술연구원은 손상되거나 완전히 절단되어도 스스로 회복하고 접합되어 원래와 똑같은 모습으로 되돌아가는 자가치유 신소재를 개발하고 상용화를 계획하고 있어요.

● 카본 래미네이트로 만든 항공기

비행기가 하늘을 날기 위해서는 가볍고, 기온과 압력을 견디기 위해 내구성도 좋아야 해요. 기존의 항공기는 알루미늄 합금, 타이타늄 합금, 스테인리스강 등의 소재를 사용해 만들어졌지만 최근에는 첨단 신소재를 사용한 항공기도 만들어지고 있어요. 탄소섬유를 사용한 고강도 복합재인 카본 래미네이트는 철보다 10배 강하고 무게는 훨씬 가벼워요. 신소재를 활용하여 항공기를 만들면 기체 무게가 가벼워져 연료 소모량이 줄고 더 적은 연료로 먼 거리를 날아갈 수 있게 돼요. 탄소 배출량을 줄여 환경오염을 막을 수도 있어요.

꿈나무들로 가득한 우리 학교

별은 정말 아름답구나. 활짝 핀 꽃 같기도 하고….

너도 하나의 꽃이고, 하나의 별이란다. 어떤 색깔의 꽃이 필지, 얼마나 환한 빛을 내는 별이 될지 아무도 몰라.

꽃이 피려면 계속 물을 주고 가꿔야 하듯이, 네가 빛을 내려면 꿈을 향해 나아가야 한단다.

다음 날

지난 동문회 모임에 저희를
기다리다 먼저 가셨다고
들었어요. 죄송해요,
선배님.

아냐, 괜찮아. 난 뭐든지
다 보는 직업을 가진
박다봄이라고 해.

뭐든지 다 볼 수
있다구요?

선배들과 너희들이
신소재 페인트칠을 해서
학교가 깨끗해졌지만
그것만으로는 부족해. 정말
건물이 튼튼하고 안전한지
검사해 봐야 해.

교육부에 폐교 반대
서명서와 함께 학교 건물
안전도 평가서를 제출하면
더 효과가 있을 거야.
나도 학교를 지키러
왔단다.

근데 건물을 부수지 않고 어떻게 건물 속을 알 수 있어요?

비파괴검사

재료에 손상이나 파괴없이 물리적 성질을 이용해 내 구성을 진단하여 시용 수명을 예측하는 검사법입니다. 건물이나 항공기, 댐, 원자력 발전소 등의 안전성을 검사하기 위해 분해하거나 파괴하지 않고 초음파, 침투, 전류 등을 이용해 내·외부 결함을 진단 검사하는 기술입니다.

비파괴검사 덕분이지. 파괴하지 않고 검사할 수 있거든.

산업계의 의사 비파괴검사원

원자력 발전소

댐

자, 그럼 학교가 얼마나 안전한지 검사해 볼까?

이 기계는 열전자가 빠르게 움직이면서 X선이 발생되어 물체의 속을 촬영한단다. 콘크리트 강도나 균열, 건물 속 철근의 부식 등을 검사할 때 사용하지.

X선이면 인체에
해로운 거
아니에요?

저렇게 큰 기계에서
나오는 방사선을 맞으면…
생각만 해도 끔찍하다.

근데 한별인
어디 갔지?

컴퓨터실에
있을 걸…

후다닥

야, 장한별!
어딨어? 장한별!

어디 있냐고!

장한별,
어디?

컥!

콱

당

빨리
나가야 돼!

무… 무슨
일인데?

한별아, 너 얼굴이 왜 그래?

어머, 둘이 손잡고 뭐하는 거야?

검사기에서 X선이 나온다는 말에 친구가 걱정되었나 보구나.

검사할 때 아주 극소량의 방사선이 나오는데 그 정도의 양은 인체에 전혀 문제가 되지 않아. 그러니 안심해도 된단다.

그런데 저렇게 친구를 걱정해 주는 걸 보니 두 친구의 우정이 보통이 아닌가 보다. 그치?

네, 맞아요. 1학년 때부터 단짝이래요.

너… 나 걱정한 거냐?

무… 물 마시러 온 거야. 나도…

이젠 교실 벽들을 검사해야지.

교실은 벽이 나뉘어져 있어도 이렇게 X선이 벽을 감지하는 모습이 모니터에 나오거든.

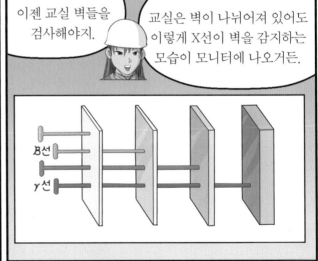

β선

γ선

검사해보니 탄탄 초교는 정말 탄탄하게 잘 지어졌네.

우리 후배들도 탄탄한 학교처럼 건강하고 멋진 꿈을 가졌으면 좋겠어.

네. 근데 선배님 같은 비파괴검사원이 되려면 어떻게 해야 하나요?

물리 및 비파괴검사와 관련된 공학적 지식을 가지고 있어야 하고, 검사 결과를 해석하고 이해할 수 있는 수리능력과 분석능력을 갖춰야 하지.

신소재 분야는 다양한 미래 사회의 직업이므로 멋진 꿈을 펼칠 수 있을 거야.

네. 알겠습니다. 그동안 선배님들로부터 신소재에 대해 많이 알게 되었어요.

사실 남동생 두 명도 비파괴검사원으로 항공기 분야에서 일을 하고 있는데 적성에 너무 잘 맞아 매일매일이 즐겁대.

와, 그럼 비파괴검사원 가족이네요.

그래서 셋이 모이면 서로를 검사해 준다고 눈으로 광선을 보내고 난리야.

탄탄 초교 졸업생들.
신소재 공학 디스플레이로
청년 실업문제 해결!

돌과 담쟁이처럼
백 년을 탄탄하게

유명한, 네가
졸업한지가 엊그제 같은데
이젠 학교 이름을 빛내는
일을 하고 있다니,
정말 뿌듯하구나.

다 탄탄 초교
선생님들의 가르침
덕분입니다.

이건 친구들과
함께 준비한 선물입니다.
저희가 직접
만들었어요.

그래? 커피구나?
근데 향이 좀
특별한 것 같네.

네, 저희 직업이 신소재 분야이다
보니 심심하면 뭐든지
신소재 기술을 응용해
만들거든요.

하하, 그러고 보니
신소재 전문가들만
모였구나.

네, 선생님께서 늘 말씀하셨잖아요.
지금 인기있는 직업이 아닌
미래 사회에 필요한 직업을 선택하라고.
그래서 저도 엄마의 반대를 무릅쓰고
신소재 디스플레이어가
된 거예요.

지금은 이렇게 신문에 실리는 유명한 아들이 됐으니 좋아하시겠지?

네, 근데 지보다는 제가 만들어 드리는 신소재 커피를 더 좋아하세요. 하하하.

이거 보통 커피맛이 아닌데. 정말 맛있구나.

어머니께서 좋아하실 만한데.

신소재 커피라 그런가 맛이 다르네.

똑 똑 똑

저희들 찾으셨어요, 선생님?

그래. 이리와 앉으렴.

우리 학교를 빛낸 자랑스러운 선배 유명한이란다.

맞아요. 오늘 아침 뉴스에서도 봤어요.

정말 유명한 선배님이시네요.

그래. 반갑다. 후배들.

그런데 신소재 디스플레이가 뭐예요?

디스플레이란 자료나 데이터를 눈으로 볼 수 있게 시각적으로 전환해주는 장치나 화면을 말하는 거야.

TV나 모니터 화면 같은 거 말하는 거죠?

맞아. 스마트폰 액정 화면 같은, 그리고 대형 광고 화면 등 영상을 볼 수 있게 해주는 것을 디스플레이라고 하지.

교 장 실

그런데 이번에 개발하셨다는 게 어떤 거예요?

기존의 디스플레이는 충격에 약해 깨지거나, 화면이 커지면 영상 화질이 떨어지는 문제점이 있었어. 이번에 신소재 그래핀을 소재로 어떤 충격에도 깨지지 않고, 아무리 구부려도 끊어지지 않고, 또 최고의 화질을 보여주는 신소재 디스플레이를 개발했단다.

이 신소재 디스플레이 분야는 자원이 부족한 우리나라 미래 사회에 가장 필요한 분야라고 할 수 있단다. 전 세계에서도 디스플레이 시장을 선점하기 위해 막대한 노력을 하고 있단다.

중국 디스플레이 연구단

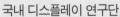
국내 디스플레이 연구단

유럽 디스플레이 연구단

신소재 디스플레이

기존의 화면에 강철보다 200배 이상 강하고 열전도성은 다이아몬드 보다 뛰어난 꿈의 신소재 '그래핀' 물질을 접목하여 구부려도 강도나 특성이 변하지 않아 차세대 주력 기술로 산업 전반에 걸쳐 사용될 것이며, 이미 접는 스마트폰과 종이보다 얇은 디스플레이 신문이 시범 사용 중에 있습니다.

360도 원형 디스플레이,
대형 디스플레이,
디스플레이 신문 등
이 모든 걸 나의 제자들이
해냈다니!

따라서!
탄탄 초교는 절대 폐교돼서는 안 돼!
앞으로 너 많은 후배들이 신소재 분야의
직업을 갖고 미래 사회를
이끌어 갈 테니까!

맞아요, 선생님.
이거 오늘까지 받은
서명서예요.

학교를 꼭 지켜주세요,
교장 선생님.

그래, 학교를 지키려고
이렇게 애쓰고 다녔다니.
기특하구나.

교육부 장관을 찾아가
너희들의 마음과 뜻을 전하고
학교를 꼭 지키도록
노력하마.

한 가지 좀 아쉬운 게 있다면 서명서를 100% 다 받지 못한 것입니다.

그건 욕심입니다. 이 정도 받은 것만으로도 충분해요.

그래도 몇 명만 더 받았더라면…

걱정 마세요. 100% 다 받았습니다.

…?

저와 친구들 서명서입니다.

이… 일등아?

너… 언제 이걸 다 받아 온 거야?

나, 반장이잖아. 일등 반장.

역시 우리 반 반장이야. 그럴 줄 알았어.

일등아…

와, 그새 낳이 컸네. 잎도 많아지고.

무슨 꽃이 필지 벌써 궁금하다.

얘들아. 그 식물 이름이 뭔지 물어봐도 될까?

네?

누구세요?

나도 처음 보는 식물이거든.

'약속의 꽃'이라고도 하고, '꿈을 향한 꽃'이라고도 해요.

약속의 꽃, 꿈을 향한 꽃? 실제로 핀 꽃을 보고싶구나.

꽃은 언제 피는데?

3년이 지나야 핀대요.

네. 우리 선생님이 그렇게 말씀하셨어요.

3년이나?

그렇구나. 예쁜 꽃도, 멋진 꿈도 피우려면 시간이 필요한 법이지.

물을 주면 언젠가 꽃을 보게 되고, 미래를 준비하면 반드시 꿈을 이룰 수 있지.

진한별 선생님도 같은 말씀을 하셨는데…

나 잠깐 다녀올게.

그래.

어? 이상하네. 여기 누가 물 준 것 같은데…?

내가 아침에 물 줬어.

그때 일… 사과할게. 내가 잘못했어.

일등아.

미안해, 한별아.

아니. 나 그때 일 다 잊었어. 그때는 일등이 네가 미웠지만 꽃에 물 주면서 다 잊었어.

저… 정말?

우린 친구잖아.

미안해, 한별아. 그리고 고마워, 정말 고마워.

뜨거운 우정에 아이스크림이 다 녹겠는 걸.

스… 슬비야. 너 언제부터?

뜨거운 우정과 달달한 아이스크림. 둘이 나눠 먹어.

놀리지 마.

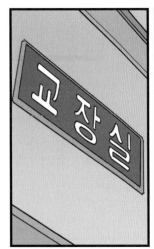

장관님이 오실 줄은 몰랐습니다. 안 그래도 오늘 찾아 뵈려했는데…

지난번 심 선생이 교육부에 찾아와 소란을 피우고 갔는데, 교장 선생님까지 올 것 같아 내가 직접 왔습니다.

죄송합니다. 그땐 제가 급한 마음에…

듣자하니 교장실에 신소재 커피가 그렇게 맛있다고 하던데 나도 한 잔 주세요.

장관님이 어떻게 신소재 커피를 아시죠? 이건 판매용도 아닌데?

네, 소문을 들었습니다.

돌과 담쟁이처럼 백 년을 탄탄하게

저 교훈은 아무래도 어울리지 않는군요.

당장 떼어내세요.

자… 장관님?

그… 그 말씀은 폐… 폐교…??

교… 교훈을 떼라는 건

폐교한다는 뜻이잖아?

결국 우리 학교는 폐교 되는 거야?

교장실

학교의 상징인 교훈을 뗄 수는 없습니다. 그렇게는 못합니다.

못하다니요?

아이들을 위해서 절대로 그럴 수 없습니다.

아이들을 위해서입니다.

정말 아이들을 위해서라면 100년이 아닌 200년으로 바꾸라는 말씀입니다.

네?!

네? 폐교가 아니라 교훈을 바꾸라는 말씀이셨어요?

이제 탄탄 초교는 시대를 앞서 미래 사회에 나가 꿈을 펼칠 꿈나무들을 교육하는 모범 학교로 지정할 것입니다.

그… 그게 정말입니까, 장관님?

얏호! 모범 학교래, 모범 학교!

탄탄 초교 만세! 만세!

장관님 최고예요, 최고!

우지끈

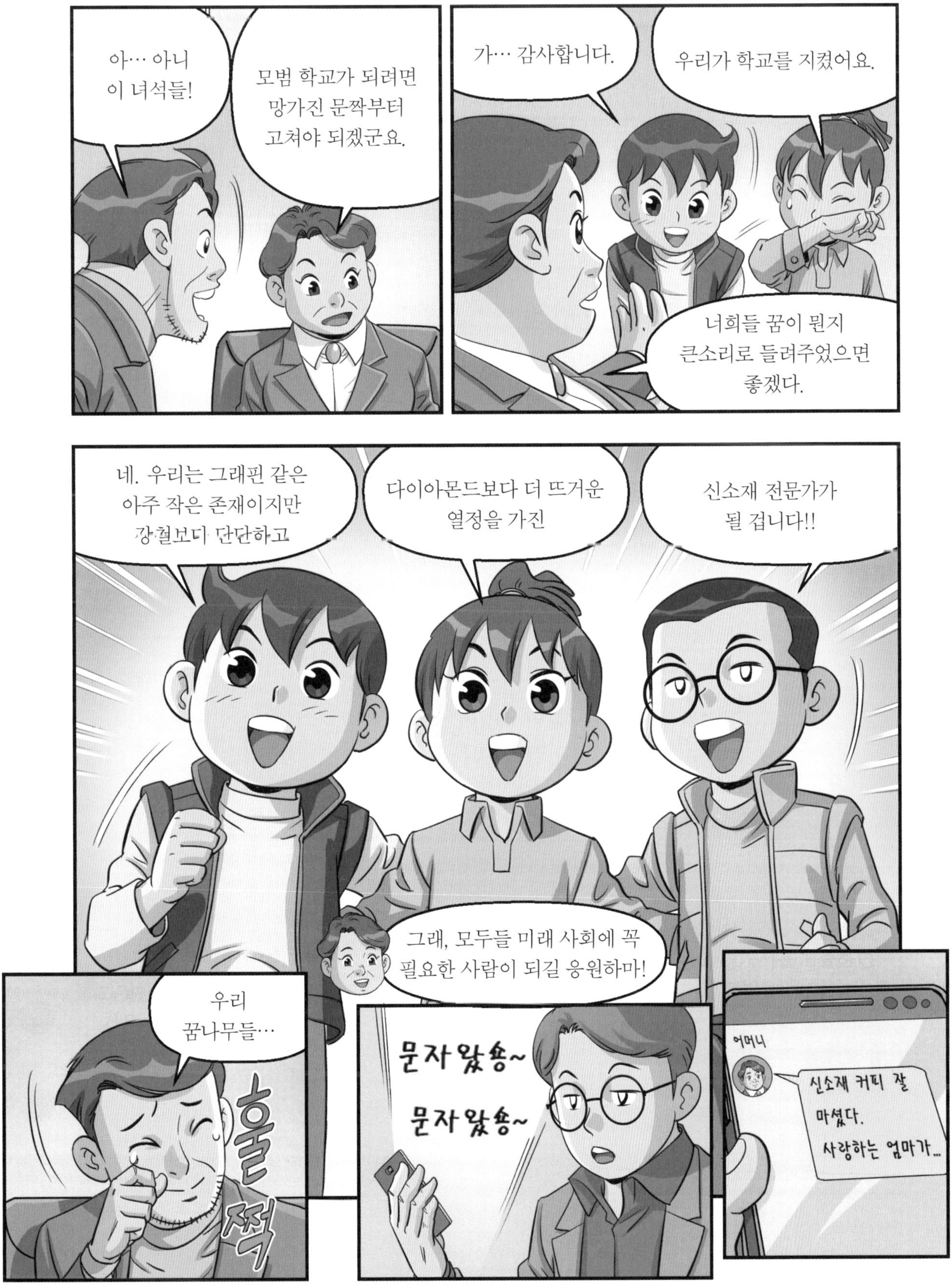
아… 아니
이 녀석들!
모범 학교가 되려면
망가진 문짝부터
고쳐야 되겠군요.
가… 감사합니다.
우리가 학교를 지켰어요.
너희들 꿈이 뭔지
큰소리로 들려주었으면
좋겠다.
네. 우리는 그래핀 같은
아주 작은 존재이지만
강철보다 단단하고
다이아몬드보다 더 뜨거운
열정을 가진
신소재 전문가가
될 겁니다!!
그래, 모두들 미래 사회에 꼭
필요한 사람이 되길 응원하마!
우리
꿈나무들…
훌쩍
문자왔숑~
문자왔숑~
어머니
신소재 커피 잘
마셨다.
사랑하는 엄마가…

그래핀을 활용한 제품

그래핀은 인류가 발견한 최초의 2차원 결정으로 알려져 있어요. 한 장짜리 얇은 탄소 원자막이지만 강철보다 100배 이상 강하고 휘어져도 본연의 성질을 잃지 않는 꿈의 신소재예요. 미래 산업을 혁신적으로 바꿀 그래핀을 사용하여 만들어진 제품은 무엇이 있는지 알아볼까요?

● 가벼운 방탄 갑옷

기존의 방탄조끼는 케블라 섬유로 만들어져서 매우 무거웠어요. 그런데 그래핀은 얇고 가벼워서 이를 활용해 갑옷을 만들면 입고 벗기에 불편함이 없고, 강철보다 강해 총알로부터 몸을 지킬 수 있어요.

● 녹이 없는 건물

그래핀은 어떤 물질도 투과되지 않도록 하는 성질이 있어서 페인트에 사용하면 건물의 녹이나 부식을 막을 수 있어요. 또한 의료기기, 전자기기, 원자력, 조선업 등에 활용하면 녹이 슬지 않아 막대한 경제적 가치를 창출할 수 있어요.

● 신체에 이식할 수 있는 기기

현재 그래핀 연구는 신체에도 활용하는 시험단계에 있어요. 그래핀 기기를 개발하면 신경기관을 읽거나 세포와 소통하는 수준의 기기를 신체에 이식할 수 있게 돼요. 이러한 기기가 개발되면 의료 산업은 극적으로 발전하며 사람은 개인 생리체계에 맞춤화된 치료를 받을 수 있어요.

● 전구를 대체하는 벽지

그래핀으로 반짝이는 벽지를 만들수 있어요. 이는 전기를 사용하는 전구를 대체할 수 있기 때문에 에너지효율을 높여요.

● 마실 수 있는 바닷물

그래핀으로 만든 분리막은 물을 통과시키고 소금을 걸러낼 수 있어요. 이렇게 되면 바닷물에서 손쉽게 소금을 걸러내고 사람이 마실 수 있는 물을 얻을 수 있답니다. 물 부족 문제를 해결하고 나아가 기근까지도 해결할 수 있는 열쇠가 될 거예요.

● 더 작아진 전자기기

그래핀은 실리콘을 대체하여 더 작은 전자기기를 만들 수 있게 돼요. 또한 그래핀으로 휘어지는 스마트폰, 터치를 통해 반응하는 전자기기를 만들 수 있답니다.

● 적외선으로 볼 수 있는 콘택트렌즈

그래핀으로 콘택트렌즈를 만들면 적외선 스펙트럼으로 세상을 볼 수 있게 돼요. 일반적인 시야뿐만 아니라 적외선으로도 볼 수 있게 되는 것이지요.

나는 신소재 전문가가 될 거야!

초판 1쇄 발행 · 2021년 2월 28일
초판 3쇄 발행 · 2021년 9월 10일

지은이 · 고건
그린이 · 동방광석
펴낸이 · 이종문(李從聞)
펴낸곳 · 국일아이

등   록 · 제406-2008-000032호
주   소 · 경기도 파주시 광인사길 121 파주출판문화정보산업단지(문발동)
영업부 · Tel 031)955-6050 | Fax 031)955-6051
편집부 · Tel 031)955-6070 | Fax 031)955-6071

평생전화번호 · 0502-237-9101~3

홈페이지 · www.ekugil.com
블 로 그 · blog.naver.com/kugilmedia
페이스북 · www.facebook.com/kugilmedia
E - m a i l · kugil@ekugil.com

• 값은 표지 뒷면에 표기되어 있습니다.
• 잘못된 책은 구입하신 서점에서 바꿔드립니다.

ISBN 979-11-87007-79-1 (14300)
       979-11-87007-74-6(세트)

워크북

Job?

나는 신소재 전문가가 될 거야!

국일아이

목차

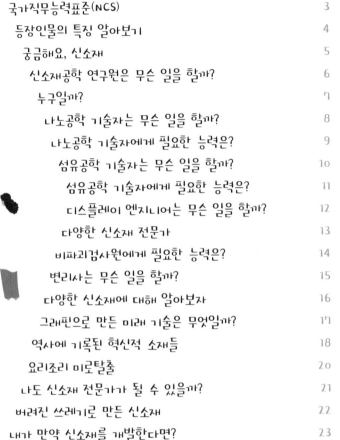

2

워크북 활용법

직업 탐험   각 기관의 대표 직업(네 가지)이 하는 일, 필요한 지식, 자질 등에 관한 정보뿐만 아니라 관련 직업에 관한 정보를 얻어요.

직업 놀이터   다른 그림 찾기, 숨은그림찾기, 미로 찾기, 색칠하기, ○Ｘ퀴즈 등 재미있는 놀이 요소를 통해 직업 상식을 알아봐요.

직업 톡톡   직업 윤리나 직업과 관련한 이야기로 자신의 생각을 표현하며 직업을 간접 체험해요.

NCS
(국가직무능력표준)

국가직무능력표준(NCS, National Competency Standards)이란 국가가 현장에서 직무를 수행하는 데 필요한 지식, 기술, 태도 등을 산업별, 수준별로 표준화한 것을 말한다. 대분류 24개, 중분류 79개, 소분류 253개, 세분류 1,001개로 표준화되었으며 계속 계발 중이므로 더 추가될 예정이다.

국가직무능력표준(NCS)에 따른 24개 분야의 직업군

01 사업 관리

02 경영·회계 사무

03 금융·보험

04 교육·자연 사회 과학

05 법률·경찰 소방·교도·국방

06 보건·의료

07 사회 복지·종교

08 문화·예술 디자인·방송

09 운전·운송

10 영업·판매

11 경비·청소

12 이용·숙박·여행 오락·스포츠

13 음식 서비스

14 건설

15 기계

16 재료

17 화학

18 섬유·의류

19 전기·전자

20 정보 통신

21 식품 가공

22 인쇄·목재 가구·공예

23 환경·에너지·안전

24 농림·어업

등장인물의 특징 알아보기

《job? 나는 신소재 전문가가 될 거야!》에는 장한별, 이슬비, 나일등, 심호등, 진한별, 배운남, 나칠해 등이 등장한다. 각 인물을 떠올리며 빈칸을 채워보자.

인물	특징
장한별	약속을 중요하게 생각하며 책임감이 강한 6학년 남자아이다. 폐교가 된다는 소식을 듣고 자신을 끝까지 믿어준 진한별 선생님과의 약속을 기억하며 학교를 지키려 백방으로 노력한다.
이슬비	밝고 당찬 성격으로 한별과 같은 반 여자아이이다. 친구들에게 폐교 반대서명을 받기 위해 동분서주하며 한별이와 함께 학교를 지키는 데 앞장선다. 서명을 받기 위해 만난 졸업생 선배들에게 _____에 대해 배우며 꿈을 키워간다.
나일등	반장이지만 반을 위해 일하기 보다는 자신의 일이 먼저인 이기적인 남자아이다. 한별과 1학년 때부터 친구였으나 자신의 잘못을 한별에게 떠넘기면서 우정에 금이 갔다. 이슬비를 좋아한다.
심호등	6학년 1반 담임 선생님으로 별명은 신호등이다. 학교를 향한 애정으로 아이들의 폐교 반대운동을 적극 지지한다. 불의를 참지 못하는 강직한 성격이며, 학생들이 꿈을 꾸고 그 꿈을 이룰 수 있도록 따뜻하게 격려한다.
진한별	탄탄 초교에서 3개월 동안 근무한 교생 선생님이다. 억울하게 교장 선생님에게 야단을 맞은 장한별을 위로하고 믿어준다. 학교 화단에 씨앗을 뿌리고 3년 후 꽃이 필 때 다시 만나자고 한별에게 약속하고 신비한 구슬 아스떼리를 선물하여 꿈을 꾸도록 돕는다.
나칠해	나일등의 삼촌으로 _____다. 폐교 소식을 듣고 아이들과 함께 신소재 페인트로 학교 건물을 도색한다. 졸업생 모임을 가져 폐교 반대서명을 적극적으로 돕는다.

4

궁금해요, 신소재

소재 산업은 산업 전반에 걸쳐 시급히 보강되어야 할 분야로서 4차 산업 혁명 시대 첨단산업의 핵심 분야로 대두하고 있다. 기존 소재의 결점을 보완하거나 우수한 특성을 창출하여 고도의 기능을 실현한 새로운 재료인 신소재에 대한 설명으로 알맞은 것을 찾아보자. (정답은 네 개)

1
금속, 유기, 무기 재료를 조합하여 새로운 기술로 제조해 이전에 없던 새로운 성능과 용도를 가지게 된 소재다.

2
비금속 무기 재료, 신금속 재료, 신고분자 재료, 복합 재료 등 네 가지로 분류된다.

3
기존 소재보다 효율성이 높은 소재를 연구 개발함으로써 항공, 의료, 자동차, IT, 철강, 섬유 등 모든 첨단산업의 기반이 되고 있다.

4
새로운 재료로 비용이 저렴하지만 검증되지 않은 기술이 많아 오류가 많이 발견된다.

5
아이언맨의 강철 갑옷, 해리포터의 투명망토, 색상이 바뀌는 드레스 등 영화에 등장하는 것도 현실로 만들어낼 수 있다.

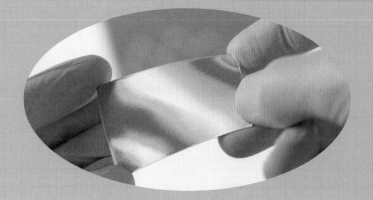

신소재공학 연구원은 무슨 일을 할까?

신소재공학은 재료공학의 한 분야로 다양한 재료의 구조와 특질을 이해하고 새로운 소재를 개발하고 가공하는 것을 연구하는 공학 분야다. 신소재공학 연구원이 하는 일에 대해 바르게 설명한 것은 무엇인지 알아보자. (정답은 네 개)

1
로켓이나 방탄복, 우주선 등에 쓰이는 특수 소재 섬유를 개발하고, 잘 찢어지지 않는 수영복, 휘어지는 스마트폰 등 일상생활 물건에 쓰이는 신소재를 연구 개발한다.

2
물질의 성분과 구조를 연구해서 각 재료의 장점은 강화하고 단점은 보완한다. 가벼운 금속, 불에 타지 않는 플라스틱 등 더 좋은 재료를 만들기 위해 연구한다.

3
연구 개발한 신소재가 대량으로 생산되어 상용화될 수 있도록 생산 시스템의 과정을 세밀하게 개발한다.

4
각 재료의 성능 향상과 유용한 소재 개발을 위해 물질을 조합하고 가공하는 실험과 연구를 한다.

5
태양광, 풍력 등 신재생에너지를 연구하고 에너지 효율을 높이는 방법을 연구한다.

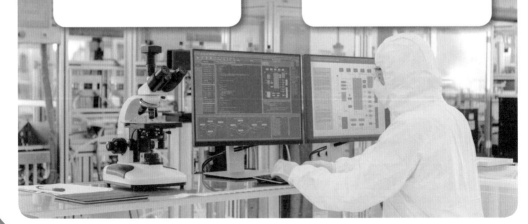

도연이는 신소재를 공부하기 위해 신소재 전문가를 만났다. 도연이가 만난 전문가는 다음과 같은 일을 한다고 했다. 도연이가 만난 신소재 전문가는 누구인지 찾아보자.

나노공학 기술자는 무슨 일을 할까?

나노공학은 10억분의 1미터인 나노미터 크기의 원자, 분자, 초분자 물질을 합성, 조립, 제어하는 기술이다. 나노공학 기술자가 하는 일에 대해 바르게 설명한 것을 찾아보자. (정답은 네 개)

1 인공위성에 실리는 장비인 탑재체가 잘 작동하도록 인공위성의 설계를 조절하고 탑재체가 너무 무거워지지 않도록 관리한다.

2 나노 기술을 이용하여 개발할 수 있는 소재를 연구한다.

3 나노 기술을 통해 만들어진 분자가 특정한 하나 이상의 기능을 수행할 수 있도록 나노칩, D램 등 나노소자를 연구 개발한다.

4 나노를 측정할 수 있는 장비와 나노제품 제조장치 및 제조설비를 연구 개발한다.

5 바이오 진단 검사, 화장품, 나노 스프레이, 나노 필터 등 나노 응용제품을 개발한다.

나노공학 기술자에게 필요한 능력은?

나노공학 기술자는 아주 작은 나노 단위의 정교한 작업을 하는 사람이다. 나노공학 기술자가 되기 위해 필요한 능력을 잘못 말한 사람을 찾아보자. (정답은 한 개)

1 섬세하고 꼼꼼하게 일해야 해.

2 새로운 것을 만들어내는 창의력이 필요해.

3 기존의 소재에서 어떤 부분이 보완되어야 하는지 탐구하는 자세를 가져야 해.

4 사진을 잘 찍고 컴퓨터 그래픽을 잘 다뤄야 해.

5 물리, 화학, 생물, 공학, 기술, 영어 등 다양한 분야의 지식이 필요해.

6 나노공학이나 재료공학을 전공하는 것이 좋아.

섬유공학 기술자는 무슨 일을 할까?

섬유공학은 원료 섬유 제조에서부터 이를 이용하여 실, 천 등을 거쳐 의류 등의 섬유 완제품을 제조하는 전 과정을 연구하는 학문이다. 섬유공학 기술자가 하는 일에 대해 바르게 설명한 친구를 찾아보자. (정답은 네 개)

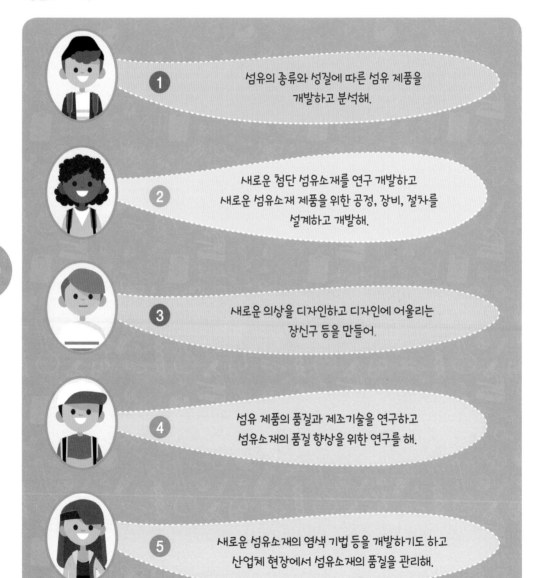

1. 섬유의 종류와 성질에 따른 섬유 제품을 개발하고 분석해.

2. 새로운 첨단 섬유소재를 연구 개발하고 새로운 섬유소재 제품을 위한 공정, 장비, 절차를 설계하고 개발해.

3. 새로운 의상을 디자인하고 디자인에 어울리는 장신구 등을 만들어.

4. 섬유 제품의 품질과 제조기술을 연구하고 섬유소재의 품질 향상을 위한 연구를 해.

5. 새로운 섬유소재의 염색 기법 등을 개발하기도 하고 산업체 현장에서 섬유소재의 품질을 관리해.

섬유공학 기술자에게 필요한 능력은?

섬유공학 기술자는 보다 좋은 기능의 옷을 만들기 위해 새로운 소재를 연구한다. 섬유공학 기술자에게
필요한 능력이 쓰여진 드레스를 찾아 예쁘게 색칠해 보자. (정답은 다섯 개)

1 옷의 소재와 재질에 대한 관심

2 섬유가 어떤 촉감과 색감을 가지는지에 대한 호기심

3 새로운 것을 발견하고 개발하는 창의력

4 화학, 물리, 수학 등 기초 과학 과목에 대한 흥미

5 끊임없이 연구하고 실험하는 체력과 인내심

6 절제된 식사를 하고 체형을 유지하는 자기관리 능력

디스플레이 엔지니어는 무슨 일을 할까?

디스플레이는 컴퓨터, TV, 휴대전화 등 우리 주위에 흔히 찾아볼 수 있는 선사세품에 주로 쓰인다. 디스플레이를 연구하는 디스플레이 엔지니어가 하는 일에 대해 바르게 설명한 것을 찾고 선을 따라가 보자.

Ⓐ 디스플레이 제품을 제작하기까지 단계를 나누어 작업 계획을 세우고, 생산장비 관리를 담당하며 선행관리, 품질 개선 및 검사 기준도 함께 설정한다.

Ⓑ 기존 자동차의 디자인을 바꾸거나 신차를 개발하기 위해 디자인을 연구한다.

Ⓒ 신재생에너지 발생량, 에너지 효율 등을 시험하고 분석한다.

다양한 신소재 전문가

정보통신, 생명과학, 신에너지 산업의 기반이 되는 신소재는 21세기 주력산업이 될 것으로 전망된다. 다음은 신소재와 관련된 직업을 설명한 것이다. 사다리를 타고 내려가 각 전문가가 하는 일을 확인해 보자.

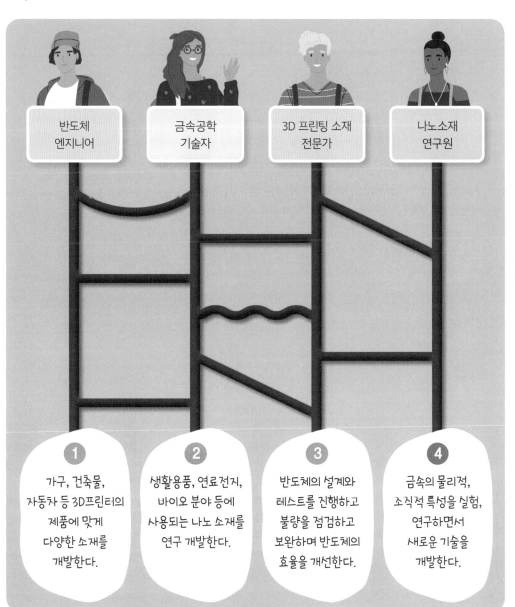

반도체
엔지니어

금속공학
기술자

3D 프린팅 소재
전문가

나노소재
연구원

1 가구, 건축물, 자동차 등 3D프린터의 제품에 맞게 다양한 소재를 개발한다.

2 생활용품, 연료전지, 바이오 분야 등에 사용되는 나노 소재를 연구 개발한다.

3 반도체의 설계와 테스트를 진행하고 불량을 점검하고 보완하며 반도체의 효율을 개선한다.

4 금속의 물리적, 조직적 특성을 실험, 연구하면서 새로운 기술을 개발한다.

비파괴검사원에게 필요한 능력은?

비파괴검사원은 제조물을 손상, 파괴하지 않고 제조물 내외부에 존재하는 결함을 탐지하거나 새료나 건물의 성질을 검사한다. 아래에서 비파괴검사원이 하는 일을 보고 비파괴검사원이 되기 위해 필요한 능력을 OX퀴즈로 알아보자.

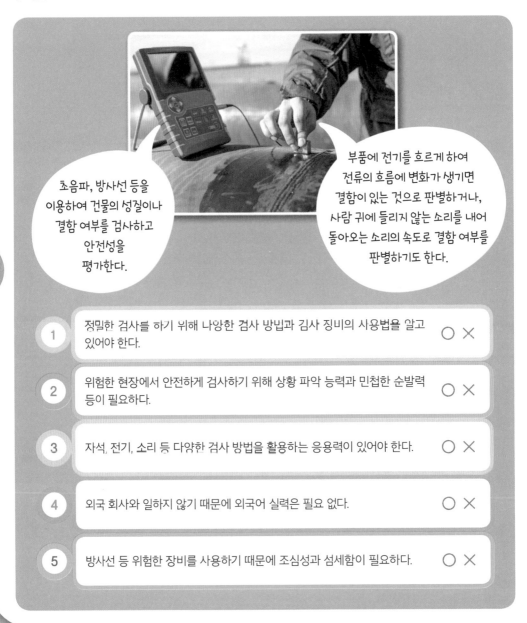

초음파, 방사선 등을 이용하여 건물의 성질이나 결함 여부를 검사하고 안전성을 평가한다.

부품에 전기를 흐르게 하여 전류의 흐름에 변화가 생기면 결함이 있는 것으로 판별하거나, 사람 귀에 들리지 않는 소리를 내어 돌아오는 소리의 속도로 결함 여부를 판별하기도 한다.

1. 정밀한 검사를 하기 위해 나양한 검사 방법과 김사 징비의 사용법을 알고 있어야 한다. ○ ✕

2. 위험한 현장에서 안전하게 검사하기 위해 상황 파악 능력과 민첩한 순발력 등이 필요하다. ○ ✕

3. 자석, 전기, 소리 등 다양한 검사 방법을 활용하는 응용력이 있어야 한다. ○ ✕

4. 외국 회사와 일하지 않기 때문에 외국어 실력은 필요 없다. ○ ✕

5. 방사선 등 위험한 장비를 사용하기 때문에 조심성과 섬세함이 필요하다. ○ ✕

변리사는 무슨 일을 할까?

다음은 기업이나 사람의 지식재산을 보호하고 가치 있게 만드는 일을 하는 변리사에 대해 설명한 것이다. 빈칸에 들어갈 알맞은 말을 〈보기〉에서 찾아 적어보자.

1

21세기 지식사회에서 가장 중요한 요소인 참신한 (   )을 특허권으로 만들어 보호한다.

2

(   )을 갖기 원하는 기술의 설계도, 제품 등을 검토하고 비슷한 제품의 (   )이 있는지 조사한다.

3

디자인이나 상표의 경우에는 다른 산업의 재산권을 침해하거나 상표가 유사한지 등을 (   )한다.

4

다른 상품의 재산권을 침해하여 분쟁이 발생할 경우 변론을 하거나 특허에 대한 (   )을 해준다.

5

글쓰기, 말하기 등 문과적 능력도 필요하지만 기술, 기계에 대한 특허권을 다루기 때문에 (   ) 지식을 가진 사람이 유리하다.

보기

이과적, 특허권, 감정, 법률 상담, 아이디어나 기술

다양한 신소재에 대해 알아보자

신소재의 종류는 크게 네 가지로 분류할 수 있다. 신소재의 종류와 설명이 서로 일치하는 것끼리 연결해 보자.

신금속 재료

인공위성 부품이나 인공심장밸브에 사용되는 형상기억합금, 강도와 내마모성이 큰 비정질금속 재료, 통신케이블과 핵융합 등의 에너지 개발에 이용되는 초전도 재료 등이 있다.

비금속 무기 재료

경량화를 지향하는 전자기기에 쓰이는 엔지니어링 플라스틱, 특정한 물질만 통과시키는 특수 재료인 고효율성 분자막, 발전변환효율이 높은 전지인 태양광발전 플라스틱전지 등이 있다.

신고분자 재료

내열성과 초정밀가공성이 뛰어나 절삭공구와 인공관절 등에 쓰이는 파인세라믹스, 유리세라믹스라 불리는 결정화유리, 전기 신호 전송을 위한 광섬유 등이 있다.

복합 재료

인간의 오감을 가지는 것으로 산업용 로봇제어기술 분야에 쓰이는 바이오센서, 두 종류 이상의 소재를 복합한 복합 재료, 자동차 부품과 비행기 날개에 쓰이는 탄소섬유 강화 플라스틱, 우주 항공 분야에 쓰이는 섬유 강화 금속 등이 있다.

그래핀으로 만든 미래 기술은 무엇일까?

그래핀은 세상에서 가장 얇지만 깨지지 않는 단단한 물질로 꿈의 신소재라 불린다. 구리보다 전기가 잘 통하고, 다이아몬드보다 열이 잘 전달되고, 강철보다 단단한 그래핀을 활용한 미래 물건이 쓰여진 수정 구슬을 찾아 예쁘게 색칠해 보자. (정답은 다섯 개)

1. 전기가 더 빠르게 흐르는 미래형 태양 전지

2. 특수 섬유로 만들어 더 단단하고 가벼워 진 방탄조끼

3. 물에 젖지 않고 찢어지지 않는 전자 종이

4. 열효율이 높은 태양 열 에너지

5. 에폭시를 섞은 물질로 만들어 가볍고 녹슬지 않는 비행기

6. 투명하고 얇으며 접을 수 있는 디스플레이 컴퓨터

역사에 기록된 혁신적 소재들

신소재는 앞으로 우리의 미래를 바꾸는 중요한 재료이다. 과거에 새로운 소재로 발견, 개발되어 역사를 바꾼 혁신적 소재들과 설명이 서로 일치하도록 연결해보자.

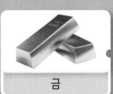
금

도자기

콜라겐

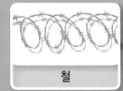
철

종이

탄산칼슘

진흙으로 빚어 높은 온도에서 구워낸 것으로 인류를 식중독에서 구해냈다.

화폐가치의 기준이 되었으며, 치아보철, 장신구 등에 사용된다.

진주와 조개껍질을 이루는 주성분으로 치약, 소시지, 대리석 등에 다양한 소재로 사용된다.

은회색의 광택을 내는 전이 금속으로 값이 싸고 양이 많아 선박, 철도, 건물 등에 사용한다.

피부, 혈관, 뼈 등 모든 결합조직의 주된 단백질로 의약 필수품이다.

문자를 기록하기 위한 재료로 문화의 전승 수단이며 문화 발달의 척도이다.

비단

여러 가지 색상의 견사로 짠 무늬있는 고귀하고 화려한 견직물로 고급 옷감으로 쓰인다.

고무

쇳조각을 끌어당기는 물질이다. 나침반이 발명되어 항해에 이용되면서 대항해시대를 이끈 주역이 되었다.

자석

고무나무에서 분비된 수액을 응고시킨 생고무가 원료인 고분자 화합물로 타이어, 고무줄을 만드는 데 쓰인다.

플라스틱

가볍고 튼튼하고 녹슬지 않는 금속으로 항공기 시대를 열게 되었다.

실리콘

열과 압력에 의해 무엇으로든지 변할 수 있는 소재로 일상생활에서 널리 사용하는 필름, 병 등에 사용된다.

알루미늄

높은 온도와 낮은 온도에서도 형태가 쉽게 변하지 않는 무독성 소재이다. 내열성이 크고 물을 튀기는 성질이 있다.

요리조리 미로탈출

신소재에 관련된 문제를 풀고 설명이 맞으면 O, 틀리면 X를 따라 미로를 빠져나가 보자.

❶ 제품마다 꼭 필요한 재료들이 있는데 이런 다양한 재료의 구조와 성질을 이해하고 첨단 소재 등을 개발하기 위한 연구를 하는 것이 신소재공학이다.　○ ×

❷ 나노기술의 발전, 항공 및 우주, 바이오 등 신소재 관련 산업이 발전하면서 신소재의 중요성이 갈수록 커지고 있다.　○ ×

❸ 투명하고 휘어지는 디스플레이를 가능하게 하는 것은 그래핀이라는 신소재 덕분이다.　○ ×

❹ 우주에서 우주인들이 견딜 수 있고 살 수 있는 것은 최첨단 신소재의 개발 덕분인 것처럼 신소재의 개발은 우리의 미래를 바꾸는 중요한 역할을 한다.　○ ×

❺ 신소재 개발은 비용이 많이 들고 오랜 시간이 걸리기 때문에 상품으로 개발되는 것이 적고 효율성이 떨어진다.　○ ×

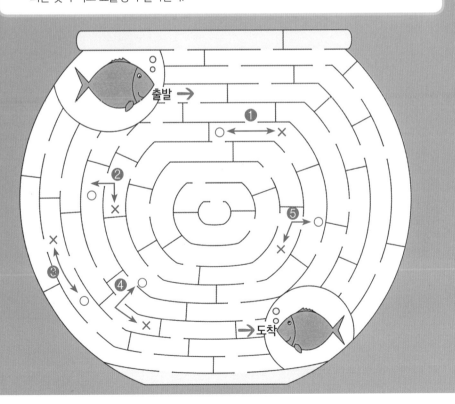

20

나도 신소재 전문가가 될 수 있을까?

신소재 전문가가 나의 소질과 적성에 맞을까? 아래 질문에 답하며 나의 소질과 적성을 확인한 후 신소재 전문가가 될 수 있는지 알아보자.

그렇다-5점, 보통이다-3점, 아니다-1점

1. 여러 것을 섞어 새로운 것을 만들어내는 창의력이 있다. (   )

2. 디스플레이, 섬유, 고무 등 소재에 대한 관심이 많다. (   )

3. 사람들에게 보다 더 편리한 것을 만들어주고 싶다. (   )

4. 무기나 첨단 소재 공학, 전자재료 등을 공부하고 싶다. (   )

5. 새로운 과학 기술을 빠르게 받아들이고 인지한다. (   )

6. 정밀한 작업을 할 수 있는 꼼꼼함이 있다. (   )

7. 실생활에서 사용되는 다양한 소재에 관심이 많다. (   )

8. 난관에 봉착해도 포기하지 않는 끈기를 가지고 있다. (   )

9. 화학, 수학, 물리 등 과학 공부하는 것을 좋아한다. (   )

10. 문제에 부딪히면 다른 해결 방법을 생각하는 응용력이 있다. (   )

합계: (   )

40점 이상	신소재 전문가로 일하는 것이 적성에 딱 맞아!
30점 이상	신소재 전문가가 될 충분한 자질이 있어!
20점 이상	신소재 전문가가 꿈이라면 조금 더 노력해 봐!
19점 이하	지금은 신소재 전문가로 일할 소질이나 적성이 부족해. 신소재에 관심을 가지고 공부해 봐!

버려진 쓰레기로 만든 신소재

쓰레기를 재활용하여 새로운 제품으로 재탄생시키는 업사이클링을 통해 환경보호는 물론, 우리 생활에 새로운 혁신을 가져다 줄 것으로 기대를 모으는 미래 신소재가 있다. 버려진 쓰레기로 만든 신소재는 무엇이고 그것으로 어떤 제품을 만들 수 있는지 생각해 보자.

버려진 페트병을
재활용해 만든
공기처럼 가벼운
고체물질인
에어로겔

달걀 껍데기를 이용해
수소를 생산하는 과정에서
만들어지는 꿈의 물질
그래핀

파스타 찌꺼기,
빵 껍질로 만드는 신소재
단백질

내가 만약 신소재를 개발한다면?

만약 자신이 신소재를 개발한다면 어떤 소재를 개발하여 어느 분야에 활용하고 싶은지 적어 보자.

해답

4. 신소재, 나노공학 기술자
5. ①, ②, ③, ⑤
6. ①, ②, ③, ④
7. 신소재 엔지니어
8. ②, ③, ④, ⑤
9. ④
10. ①, ②, ④, ⑤
11. ①, ②, ③, ④, ⑤
12. A
13. ① 3D 프린팅 소재 전문가, ② 나노소재 연구원, ③ 반도체 엔지니어, ④ 금속공학 기술자
14. ○, ○, ○, X, ○
15. ① 아이디어나 기술, ② 특허권, ③ 감정, ④ 법률 상담, ⑤ 이과적
16. 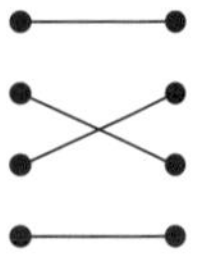
17. ①, ②, ③, ⑤, ⑥
18. 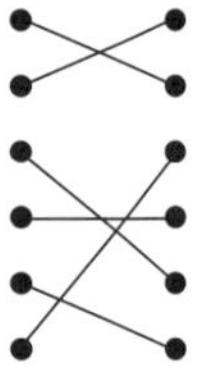
19. 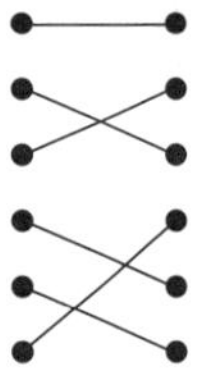
20. ○, ○, ○, ○, X

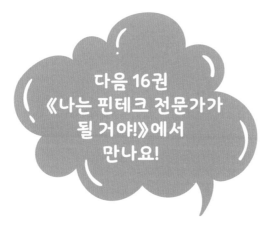

다음 16권
《나는 핀테크 전문가가
될 거야!》에서
만나요!